알쏭 달쏭 영문법 ③

서 용 득 지음

저자 **서용득**(徐龍得)
SUH, Yong-deuk

현재 경상대학교 영어교육과 교수
경상대학교 사범대학 영어교육과(문학사)
고려대학교 대학원 영어영문학과(문학석사)
고려대학교 대학원 영어영문학과(문학박사)
미국 The University of Wisconsin at Madison 교환교수
영국 The University of Sheffield 교환교수

『Intensive Laboratory English』(신아사, 1994)
『영어듣기와 말하기 이해의 지름길』(인터비젼, 1998)
『영어드라마 활용의 길』(인터비젼, 1998)
『영미 드라마 즐기기』(인터비젼, 1999)
『영어드라마 활용의 이론과 실제』(인터비젼, 2001)
『Easy Grammar 사귀기』(인터비젼, 2006)
『Easy Grammar 놀기』(인터비젼, 2006)
『별 것 아닌 영어발음』(인터비젼, 2006)
『차와 드라마 마주 앉다』(인터비젼, 2007)
『영어발음 별 건가요?』(인터비젼, 2007)
『영어 영재를 어떻게 선발할 것인가?』(인터비젼, 2009)
『영문학을 활용한 영어교육』(인터비젼, 2009)
『TOEIC의 정석』(컴퍼스미디어, 2011)
『33가지 알짜영어 맛보기: 문법편』(영출판사, 2011)
『33가지 알짜영어 맛보기: 어휘편』(영출판사, 2012)
『영어교육과 문화 나들이』(경상대학교출판부, 2012)
『TOEIC 어휘, 1,000 이것만 하면 된다!』(영출판사, 2012)
『33가지 알짜영어: 문법편』(영출판사, 2012)
『33가지 알짜영어: 어휘편』(영출판사, 2012)
『Jumping on TOEIC Stage』(JRM, 2013)
『33가지 기초 영문법 노트』(영출판사, 2013)
『33가지 마인드 맵 영문법』(영출판사, 2013)
『누구나 영어발음 잘 할 수 있다!』(영출판사, 2014)
『영문법 에세이: 문장 제대로 파악하기』(영출판사, 2014)
『영문법 에세이: 동사와 친?인척과 함께』(영출판사, 2014)
『알쏭 달쏭 영문법 ①』(영출판사, 2014)
『The TOEIC Winner』(JRM, 2015)
『알쏭 달쏭 영문법 ②』(영출판사, 2015)
『영문법 에세이: 명사와 친 · 인척들과 함께』(영출판사, 2015)
『영문법 에세이: 우리 모두 모여 파티를』(영출판사, 2015) 등 책 여러 권 출간

들어가면서

영문법의 성은 견고한가? 영문법의 세계는 아름다운가? 영문법이 영어를 공부하는 우리들에게 어떤 도움을 주는가? 더 나아가 우리는 왜 영문법에 관심을 가져야 하는가에 대한 근본적인 물음과 적절한 답이 없이 우리나라에서 영어를 가르치는 사람이나 영어 학습지들은 길을 잃고 헤매고 있는 것은 아닐까? 영문법의 길을 잃은 나그네에게 길을 안내해준다는 사람들은 너무 많은데, 과연 얼마나 영어 학습자가 제대로 된 길을 찾아갈 수 있도록 안내하는 지에 대한 궁금증이 일어난다.

공부는 왜 하는가? 영어공부는 왜 하는가? 영문법 공부는 왜 하는가에 대한 물음이 없이 우리는 자신도 알 수 없는 세계 속으로 계속 빠져들고 있는 것은 아닌지...

지금까지 우리 영어교육 현장에서 영어를 가르치는 사람들에 의해 무시되어 왔거나 무관심의 영역에 있었던 문법 개념들에 대한 제대로 된 이해를 도모하기 위해 이 책은 마련되었다. 그런 생각들을 영문법의 항목과 연관 지어보려는 시도를 해보았다. 영어교육·학습과 관련된 수많은 연구에 따르면 우리나라의 영어 학습지들이 가장 어려워하는 부분은 영문법이라고 한다. 영어를 가르치는 사람이나 영어 학습자가 영문법의 개념을 먼저 제대로 이해하고 영문법 항목의 종류 및 쓰임새를 가르치고 배워야 할 것이다.

영어를 가르치는 사람은 먼저 인간으로서 영어 학습자를 먼저 생각할 수 있어야 한다. 요즘 흔한 말로 수요자 중심 또는 학습자 중심의 영어 교수·학습이 이루어지려면 어떻게 해야 할 것인가? 그러니까 우리들의 영어 교수·학습의 밑바탕에 휴머니즘(humanism)이 있지 않으면 인간의 삶에 대한 후회는 뒤따르게 마련이다. 사람을 소중하게 생각하고, 영어 학습자가 먼저라는 생각에서 영어교육은 출발해야 한다. 그렇게 된다면 영어교육 현장은 엄청난 변화를 가져오게 될 것이다. 따라서 영어교수·학습이 인간을 먼저 생각하는 영어교육이 되어야 하고, 그러기 위해서 영어 학습자의 삶에 순기능적이고 긍정적인 도움을 주고 영향을 끼칠 수 있도록 해야 한다.

영어교육과 관련된 수많은 논문들이 우리나라 영어교육 현장을 보다 더 나은 방향으로 나아갈 수 있도록 얼마나 기여하는지에 대한 비판적 성찰도 필요할 것이다. 혹시 영어 교육은 정치적인 힘의 논리에 이끌려온 것은 아닌지에 대한 진지한 반성도 해 볼 필요가 있을 것이다. 그리고 우리나라에서는 외국어인 영어를 왜 공부해야 하는가라는 근본적인 물음부터 던지지 않을 수 없다. 영어가 먼저가 아닌 사람이 먼저라는 생각에서 영어 가르침은 시작되어야 한다. 그렇게 하려면 영어의 교수·학습의 목표에 대한 비판적 성찰이 있어야 하고, 영어를 가르치는 방법과 목적이 많이 달라져야 할 것이다.

지금까지 우리는 여러 가지 문법 항목에 관해 무비판적으로 받아들이고 있는 것들이 알쏭 달쏭하다고 할 수도 있고, 무감각하다고 할 수도 있고, 그냥 문법 항목의 차이점이 어디에 있는지 모를 수도 있다는 생각이 든다. 이 책에서는 우리들에게 어쩌면 무감각하게 지나쳐 버렸거나 지나치고 있는 문법 항목들을 보다 더 심층적으로 들여다보면서 설명을 하고 있다. 그러니까 각 장의 처음에 관련된 문법 항목의 기본 개념을 제시하면서 미묘한 뜻의 차이와 쓰임새의 차이를 나타내는 영문법 항목을 제시하고 있다. 영어를 가르치는 사람이나 영어 학습지가 조금만 더 생각해 보면 궁금하게 생각되는 문법 항목들에 대한 관심과 호기심에서 비롯되었다.

우리나라의 영어 교육·학습 현장에서 일단 문법 항목은 기본적으로 같다고 설명하는 영어 표현들이 사실상 같지 않은 경우를 찾아서 영어 쓰임새의 현장을 보다 더 깊이 들여다 보았다. 그 현장에 들어가 보면 정말 묘한 느낌이 들 것이다. 각 항목과 관련된 내용을 먼저 간단히 제시하고 제시된 항목들에 대한 구체적인 설명을 하고 있다. 이 책이 우리들에게 외국어로서의 영어에 대한 올바른 감각을 일깨우고, 보다 더 정확하고 제대로 된 영어 이해와 표현을 하는데 도움이 될 수 있는 출발점이 된다면 일차적인 목표는 달성된 셈이다.

차례

들어가면서 3

PART 1 동사 6

1. be absent와 miss의 차이 8
2. affect와 effect의 차이 10
3. agree to와 agree with의 차이 12
4. carry와 take의 차이 15
5. compare to와 compare with의 차이 39
6. disagree와 refuse의 차이 41
7. assure와 ensure의 차이 45
8. find와 find out/come across의 차이 50
9. grow와 grow up의 차이 57
10. loan과 borrow의 차이 64
11. suffer와 suffer from의 차이 72
12. wear와 put on의 차이 80

PART 2 형용사 102

1. certain과 some의 차이 104
2. efficient와 effective의 차이 111
3. guilty about과 guilty of의 차이 117
4. outdoor와 outdoors의 차이 120
5. useless와 no use의 차이 123
6. alive와 living의 차이 129
7. anxious와 nervous의 차이 137

PART 3 부사 146

1. –ly가 붙을 때와 붙지 않을 때의 뜻의 차이가 나는 부사 148
2. actually와 in fact의 차이 164
3. certainly와 definitely의 차이 167
4. strongly와 tightly의 차이 171
5. yet과 still의 차이 174

PART 4 전치사 188

1. beside와 besides의 차이 190
2. after와 since의 차이 197
3. along과 through의 차이 201

PART 5 기타 212

1. be/feel obliged to do sth과 force/compel의 차이 214
2. on the ground와 to the ground의 차이 218
3. so far와 still의 쓰임새 226
4. as a whole 과 on the whole의 차이 242
5. 수동태에 뒤따르는 다양한 전치사 246
6. in common과 in general의 차이 270

찾아보기 284

PART 1

동사

1 be absent와 miss의 차이

2 affect와 effect의 차이

3 agree to와 agree with의 차이

4 carry와 take의 차이

5 compare to와 compare with의 차이

6 disagree와 refuse의 차이

7 assure와 ensure의 차이

8 find와 find out/come across의 차이

9 grow와 grow up의 차이

10 loan과 borrow의 차이

11 suffer와 suffer from의 차이

12 wear와 put on의 차이

1 be absent와 miss의 차이

be absent는 '결석하다, 결근하다'라는 뜻으로 '공식적으로 참석하기로 되어있는 그 무엇에 출석하지 않는'(not be present at something that you officially supposed to attend) 경우에 쓰인다. 그리고 be absent는 '없다, 부재하다'라는 뜻으로도 쓰인다.〈Love was totally absent from his children.(그의 어린 시절엔 애정이 완전 부재했다.)〉

miss는 '(치거나 잡거나 닿지 못하고) 놓치다[빗나가다], (못 보고·듣고) 놓치다, [관심을 안 두고] 지나치다, 이해[파악]하지 못하다, (식사 등을) 거르다, …을[를] 하지 않다, (너무 늦게 도착하여) …을[를] 놓치다, 그리워[아쉬워] 하다, (있어야 할 것이) 없다는 것을 알다[눈치 채다], (불쾌한 것을) 피하다'라는 뜻으로 다양하게 쓰이지만 be absent와 비교를 할 때 '(어디에 참석하지 않아서 그 일을) 놓치다'라는 뜻으로 '무언가에 출석하지 않는'(not be present at something) 경우에 쓰인다.

〈be absent의 경우〉

He has not explained why he was absent.

(그는 그가 왜 결석했는데 설명하지 않았다.)

She was absent for nine consecutive days.

(그녀는 연이어 구 일 동안 결석[결근] 중이었다.)

He was absent from school on pretense of sickness.

(그는 병을 핑계로 학교에 결석했다.)

You've been absent six times according to our records.

(우리 기록에 따르면 당신이 여섯 차례 불참을 했군요.)

Her teacher wanted to know why she's been absent.

〈miss의 경우〉

She hasn't missed a game all year.

(그녀는 일 년 내내 한 경기도 안 놓쳤다.)

You missed a good party last night.

(넌 지난밤에 좋은 파티를 놓쳤어.)

It would be really stupid to miss this chance.

(이런 기회를 놓치면 정말 어리석겠죠.)

A: Are you coming to the school play?

B: I wouldn't mist it for the world.

(A: 너 학교 연극에 갈 거니?

B: 난 무슨 일이 있어도 그건 놓칠 수 없지.)

Terry's illness caused him to miss a whole month of school.

그리고 be at는 '무언가[어디에]에 있는[출석하는]'(be present at something) 경우에 쓰인다.

I don't want to be at the party!

(나는 그 파티에 있고 싶지 않아!)

Computer screens should be at eye level.

(컴퓨터 화면은 눈하고 같은 높이에 두어야 한다.)

How could our field trip be at the same time?

(우리의 현장학습을 어떻게 동시에 할 수 있을까?)

I won't be at home until the end of this week.

(이번 주말까지 집에 없을 거다.)

John won't be at the meeting. He's had to fly to Rome on business.

2 affect와 effect의 차이

affect와 effect는 둘 다 겉으로 비슷하게 보인다. affect는 '…에 영향을 주다[미치다]'라는 뜻으로 무언가에 영향을 끼치는(to have an effect on something) 경우에 쓰이는 동사이다. affect 다음에는 전치사 on을 사용하지 않는다. 그런데 effect는 '(다른 사람·사물에 의해 어떤 사람·사물에게 초래되는) 영향, 결과, 효과'라는 뜻으로 쓰이는 명사이다. effect 다음에는 전치사 on이나 of가 뒤따르지만 affect는 전치사가 뒤따르지 않는다..

〈affect의 경우〉

Does television affect children behavior?

(텔레비전이 아동들의 행동에 영향을 미치는가?)

Your opinion will not affect my decision.

(당신 의견은 내 결정에 영향을 못 줄 것이다.)

The south of the country was worst affected by the drought.

(그 국가의 남부 지역이 가뭄의 영향을 가장 심하게 받았다.)

The disease affects the central nervous system.

Emergency relief will be sent to the areas most affected by the hurricane.

〈effect의 경우〉

Does television have an effect on children behavior?

(텔레비전이 아동들의 행동에 영향을 미치는가?)

Her criticism had the effect of discouraging him completely.

(그녀의 비판은 그의 사기를 완전히 꺾어 놓은 결과를 낳았다.)

Modern farming methods can have an adverse effect on the environment.

(현대 농경법은 환경에 좋지 않은 영향을 미칠 수 있다.)

Seeing my father in such pain really had an effect on my mom.

Most people are aware of the effect of the harmful effects of smoking.

* effect가 '(어떤 결과를) 가져오다, 달성하다, 산출하다'(=bring about)라는 뜻의 동사로 쓰인다. 그렇지만 쓰이는 빈도가 상당히 낮고 격식을 차리는 표현이다.

It can effect a lot of things.

(그것은 많은 것을 초래할 수 있다.)

I'm able to effect real change.

(전 진짜 변화를 초래할 수 있어요.)

They hope to effect a reconciliation.

(그들은 화해를 이뤄 내기를 희망하고 있다.)

The new president effected several major changes,

If correctly administered, such drugs can effect radical cures.

3 agree to와 agree with의 차이

agree는 '동의하다, 찬성하다, 승낙하다, 합의를 보다, 약속하다, (계획·요청 등을) 승인하다, 일치하다, 같다'라는 다양한 뜻으로 쓰인다. agree to와 agree with는 둘 다 구동사(phrasal verb)이다. agree to sth은 '…에 찬성하다, 승낙하다, …에 대해 합의하다'라는 뜻으로 어떤 것을 기꺼이 받아들이거나 허용하는 경우에 쓰이는데, agree to 다음에는 사물이 뒤따른다. 그런데 agree with sb/sth은 '동의하다'라는 뜻으로 누구와 똑같은 의견을 갖거나 무엇을 받아들이는 경우에 쓰이는데, 사물이 뒤따르기도 하지만 주로 사람이 뒤따른다.

〈agree to의 경우〉

I'll agree to anything for an easy life.

(난 안락한 삶을 위해서라면 뭐든지 찬성하겠어.)

Do you think he'll agree to their proposal?

(넌 그가 그들의 제안에 찬성할 것 같니?)

His parents didn't agree to his travel plans.

(그의 부모님은 그가 여행 계획을 승낙하지 않았다.)

I must have been insane to agree to the idea.

(그 생각에 동의하다니 내가 제정신이 아니었던 모양이다.)

The bank manager has agreed to our request for a loan.

〈agree with의 경우〉

I'm afraid I don't agree with that.

(유감이지만 저는 그것에 동의할 수 없습니다.)

I cannot agree with you on the matter.

(그 일에 대해 나는 당신에게 동의할 수 없어요.)

I agree with her analysis of the situation.

(나는 그녀의 상황 분석에 동의한다.)

He agreed with them about the need for change.

(변화의 필요성에 대해 그는 그들에게 동의했다.)

You can't expect everyone to agree with you all the time.

* agree with sth의 경우 '일치하다, 같다'라는 뜻으로도 쓰인다.

His statements do not agree with the facts.

(그의 진술은 사실과 일치하지 않는다.)

Your account of the accident does not agree with hers.

(그 사고에 대한 당신의 진술이 그녀의 것과 일치하지 않는다.)

From this fact we deduced that he didn't agree with us.

(이 사실에서 우리는 그가 우리와 의견이 같지 않다고 추론했다.)

I do not agree with his political ideas.

* be agreed (on/about sth)과 be agreed (that ...)은 '의견이 일치하다, 합의가 되다' 라는 뜻으로 쓰인다.

Are we all agreed on this?

(이것에 대해 우리 모두 의견이 일치하는 거죠?)

I see we shall not readily agree on this.

(나는 우리가 이것을 손쉽게 동의하지 않을 것으로 보인다.)

The topic of the debate must be agreed in advance.

(토론의 주제는 사전에 합의가 되어야 한다.)

The terms of engagement are to be agreed in writing.

(고용 조건은 서면으로 합의가 되어야 한다.)

It was agreed (that) we should hold another meeting.

(회의를 한 차례 더 갖기로 합의가 되었다.)

It was agreed that the door should be left open for Denmark.

(덴마크에게 문을 열어 놓아야 한다고 합의되었다.)

It was agreed that you should become a member.

Whatever solution is agreed, change is inevitable.

* agree가 다양한 뜻으로 쓰이는 예는 다음과 같다.

Can we agree on a date?

(우리가 날짜에 대해 합의를 볼 수 있을까?)

The figures do not agree.

(그 수치들이 일치하지 않는다.)

When he said that, I had to agree.

(그가 그 말을 했을 때 나는 동의해야 했다.)

Next year's budget has been agreed.

(내년 예산안이 승인되었다.)

I asked for pay raise and she agreed.

(내가 임금 인상을 요구했고 그녀가 승낙했다.)

We couldn't agree what to do.

(우리는 무엇을 해야 할지 합의를 보지 못했다.)

She agreed (that) I could go early.

(그녀는 내가 일찍 가는 것을 승낙했다.)

American food doesn't agree with me.

(나에게 미국음식이 체질에 맞지 않다.)

The warring sides have agreed on an unconditional ceasefire.

His second statement agrees with facts as stated by the other witness.

4 carry와 take의 차이

carry와 take는 겉으로 별로 차이가 없이 쓰이지만 다음과 같이 쓰임새의 차이가 있다.

〈carry의 경우〉

carry는 '(이동 중에) 들고[데리고] 있다, 휴대하다, 가지고 다니다'라는 뜻으로 손, 등이나 팔 등에 무엇인가를 갖고 어딘가로 갈(go somewhere with something in your hands, in your arms, on your back etc) 때 쓰인다.

She carried her baby in her arms.

(그녀는 팔에 아기를 안고 있었다.)

I never carry much money on me.

(나는 절대 돈을 많이 가지고 다니지 않는다.)

Police in many countries carry guns.

(많은 국가들에서 경찰이 총을 휴대한다.)

The injured were carried away on stretchers.

(부상자들은 들것에 실려 옮겨졌다.)

In some countries women carry their babies on their backs.

* carry가 '(이동 중에) 들고[데리고] 있다, 휴대하다, 가지고 다니다'라는 뜻이 외에 '(물·전기 등을) 실어 나르다[전달하다], (병을) 옮기다, (무엇의 무게를) 견디다, (책임·부담 등을) 짊어지다[떠맡다], (특질·특징을) 지니다, (어떤 결과가) 수반되다[따르다], …의 마음을 움직이다, 자신의 (주장을) 관철시키다 등'이란 뜻으로 다양하게 쓰인다.

He is carrying the department.

(그가 그 부서를 짊어지고 있다.)

The veins carry blood to the heart.

(정맥을 혈액을 심장으로 나른다.)

Her speech carried the ring of authority.

(그녀의 연설에는 권위를 보여주는 울림이 실려 있었다.)

Crimes of violence carry heavy penalties.

(폭력 범죄에는 무거운 처벌이 따른다.)

A road bridge has to carry a lot of traffic.

(도로용 다리는 많은 통행량을 견뎌야 한다.)

Ticks can carry a nasty disease which affects human.

(진드기는 사람에게 영향을 미치는 위험한 질병을 옮길 수 있다.)

His moving speech was enough to carry the audience.

(그의 감동적인 연설을 청중의 마음을 움직이기에 충분했다.)

My views don't carry much weight with the boss.

(나의 견해는 사장에게 별 무게를 갖지 못한다[영향력이 없다].)

Her abilities carried her to the top of her profession.

(그녀는 자신의 능력으로 자기 직업에서 최고의 자리에 올랐다.)

Their group was targeted to carry the burden of job losses.

(그들 그룹이 실직 사태의 부담을 떠안는 대상이 되었다.)

Being a combat sport, karate carries with it the risk of injury.

(가라데는 격투를 벌이는 스포츠이다 보니 부상의 위험이 수반된다.)

She nodded in agreement, and he saw he had carried his point.

(그녀가 동의하며 고개를 끄덕였고 그는 자기 취지가 관철되었음을 알 수 있었다.)

Her voice did not carry to the back of the room.

Police officers in the UK do not usually carry arms.

〈take의 경우〉

take는 '(사람을) 데리고 가다[데려다 주다/안내하다]'라는 뜻으로 누군가/무엇과 함께 가다(go with sb/sth (NOT 'come'))라는 것을 의미한다.

A boy took us to our room.

(한 소년이 우리를 우리 방으로 안내했다.)

I'm taking the kids swimming later.

(내가 나중에 애들을 수영하러 데리고 갈 거예요.)

It's too far to walk—I'll take you by car.

(거긴 걸어가기엔 너무 멀어. 내가 차로 너를 데려다 줄게.)

When I go on holiday, I like to take a good book with me.

* 누군가를 집, 학교. 영화관, 식당, 공항이나 정류장 등으로 데리고 가는 경우에는 bring/lead/send/carry라는 동사를 쓰지 않고 take 동사를 쓴다.

  Hop in, I'll take you home.

  (타, 내가 너를 집에 데려다 줄게.)

  Can you take me to the airport?

  (당신이 저를 공항까지 데려다 줄 수 있습니까?)

  Just take me to the bus station.

  (그냥 저를 버스 정류장까지 데려다 주세요.)

  You can take him to the park and throw a frisbee.

  (당신은 그를 공원에 데려가서 원반던지기를 하실 수도 있어요.)

  Why don't you take her to the Garden Restaurant?

  (당신은 그녀를 가든 식당으로 데려가지 그래요?)

  Don't worry, I'll take you home.

  (걱정 마. 내가 널 집에 데려다 줄게.)

  I'd like to take you to my favorite fusion restaurant.

(나는 내가 좋아하는 퓨전식당에 너를 데리고 가고 싶은데.)

A bus has been laid on to take guests to the airport.

(손님들을 공항으로 태워 갈 버스가 제공되어 있다.)

Will the number four train take me to Headley Station?

(사 번 기차가 헤들리 역으로 가나요?)

He gave her a promise to take her to the amusement park.

(그는 그녀에게 놀이동산에 데려간다고 약속했었다.)

Lucy took us to Stratford to see a play.

If you need a lift to the station, ask Peter to take you.

* take가 '(사람을) 데리고 가다[데려다 주다/안내하다]'라는 뜻 이 외에 '(어떤 것을 한 곳에서 다른 곳으로) 가지고 가다[이동시키다], (어떤 한 단계·상황 등에서 다른 단계 등으로) 이르게[나아가게] 하다, (손·팔을 뻗쳐) 잡다[집다/안다], (어떤 장소·사람에게서 어떤 것을) 치우다[빼내다/없애다/덜다], (남의 허락도 없이 또는 실수로 어떤 것을) 가져[앗아] 가다, 잡다, 장악[차지]하다, 선택하다, 사다, 빌리다, 먹다, 마시다, 재다, 측정하다, (의자 등에[을] 앉다[쓰다], 받다, 받아들이다, 기록하다, 적다, (교통 수단·도로 등을) 타다[이용하다] 등'이란 다양한 뜻으로 쓰인다.

Are these seats taken?

(이 의자들에 (앉는·앉을) 사람들이 있나요?)

I'll take the grey jacket.

(회색 재킷으로 (선택)하겠어요[사겠어요].)

Someone has taken my scarf.

(누군가가 내 스카프를 가져갔어.)

Do you take sugar in your coffee?

(커피에 설탕 넣으세요[넣어 드시나요]?)

Take the second road on the right.

(오른쪽으로 두 번째 나오는 길을 타세요[길로 가세요].)

I passed him the rope and he took it.

(내가 그에게 밧줄을 건네자 그가 잡았다.)

Will you take your books off the table?

(탁자 위에 있는 네 책들 좀 치워 주겠니?)

The rebels succeeded in taking the town.

(반란군들이 그 도시를 장악[차지]하는데 성공했다.)

The police officer took my name and address.

(그 경찰관이 내 이름과 주소를 적었다.)

Come in; take a seat.

(들어와서 앉아요.)

He took her by the hand.

(그가 그녀의 손을 잡았다.)

The rebels took him prisoner.

(반군들이 그를 포로로 잡았다.)

Did you take notes in the class?

(너 수업 시간에 필기 했니?)

Can you take the baby for a moment?

(잠깐 아기 좀 잡아[안아] 주겠니?)

Did the burglars take anything valuable?

(도둑들이 무슨 귀중한 것을 가져 갔습니까?)

Take this to the bank for me, would you?

(내 대신에 이거 은행에 좀 갖다 주겠니?)

We took a room at the hotel for two nights.

(우리는 그 호텔에서 이틀 밤을 머물 방을 하나 빌렸다[잡았다].)

It's more interesting to take the coast road.

(해변 도로를[로] 타는[이용하는/가는] 것이 더 흥미롭다.)

The new loan takes the total debt to $100,000.

(그 새 대출로 총 부채가 십만 달러에 이른다[달러가 된다].)

I forgot to take my bag with me when I got off the bus.

(내가 버스에서 내리면서 가방을 가지고 내리는 것을 잊어 버렸다.)

Her energy and talent took her to the top of her profession.

(그녀의 에너지와 재능이 그녀를 자기 전문 분야의 최고 자리에 이르게 했다.)

The doctor has given me some medicine to take for my cough.

(의사가 내 기침에 먹으라고 약을 좀 주었다.)

This sort of thing is hard to take.

He was taken with a fit of coughing.

* 자주 쓰이는 동사(common verb)로 쓰이는 take a bath/a bite/a break/a bus(train/plane/taxi/a decision(also 'make a decision')/a deep breath/sb's details/a dislike to sb/a guess (also 'have' a guess)/a holiday/a look/a nap/a note(notes)/a photo / a pill/a seat/a shower (also 'have' a shower)/a tablet/ sb's temperature/a test(also 'do a test') /a walk/an exam(also 'do an exam')/an interest in sth/size 10/action/medicine과 the bus 등이 있다.

▶ take/have a bath: '목욕을 하다'라는 뜻으로 쓰인다.

Max likes to take a bath.

(맥스는 목욕하기를 좋아해요.)

Take a warm bath to soothe tense, tired muscles.

(긴장되고 지친 근육을 풀어 주려면 따뜻한 물에 목욕을 하라.)

I have a bath twice a week.

(나는 일주일에 두 번 목욕을 한다.)

I think I'll have a bath and go to bed.

(난 목욕하고 잘 생각이에요.)

When I arrive home I must first take a bath.

I've just had a bath, and my face is clear and white.

▶ ake a break: '휴식 [시간]을 갖다'라는 뜻으로 쓰인다.

Take a break and get some fresh air.

(쉬면서 맑은 공기를 마셔 봐.)

You need to take a break before you make yourself sick.

(몸에 탈이라도 나기 전에 좀 쉬는 게 좋겠어요.)

We took a break so we could laugh at your gay son.

▶ take a bus/train/plane/taxi: '버스/기차/비행기/택시를 타다'라는 뜻으로 쓰인다.

Why don't you take a bus instead of a taxi?

(택시 대신에 버스를 타지 그래?)

Are you taking a bus or can I give you a ride home?

(버스를 타실 건가요, 아님 제가 집까지 태워다 드릴까요?)

I took a train to Paris.

(나는 파리행 기차를 탔다.)

Suppose we take a later train?

(우리가 (그보다) 더 뒤의 기차를 타는 건 어떨까요?)

You know, most people take a plane.

(당신도 알다시피 대부분의 사람들은 비행기를 탑니다.)

He lived far away so Brian had to take a plane.

(그는 멀리 떨어져 살았다. 그래서 브라이언은 비행기를 타야 했다.)

If you take a taxi, you can get there in 10 minutes.

(당신이 택시를 타면, 십 분이면 도착할 수 있어요.)

I was forced to take a taxi because the last bus had left.

(나는 마지막 버스가 떠나 버려서 할 수 없이 택시를 타야 했다.)

One day I'll take a train and travel far away.

I think the sensible thing would be to take a taxi home.

We'll go by train as far as London, and then take a bus.

And it was much easier and more comfortable than taking a plane.

▶ take/make a decision: '결정[판단]을 내리다[하다]'라는 뜻으로 쓰인다.

They are pressing us to take a quick decision.

(그들이 우리에게 빨리 결정하라고 압박하고 있다.)

Check out the lie of the land before you take a decision.

(결정을 내리기 전에 형세를 확인하라.)

It's time to make a decision!

(결정을 내릴 때다!)

We should make a decision one way or the other.

(우리는 어떻게 해서든지 결정을 내려야 한다.)

We'll make a decision on that further down the line.

The ethics committee may take a decision to admonish him or to censure him

▶ take/keep/make a note/notes: '메모를 하다, 필기하다'라는 뜻으로 쓰인다.

Maybe I forgot to take a note.

(아마 내가 기록한 것을 잊었던 것 같다.)

Could I take a note of exactly what it is you want?

(당신이 원하시는 것이 정확히 무엇인지를 적어도 되겠습니까?)

All students are taking notes in class.

(모든 학생들이 수업시간에 필기를 하고 있다.)

She wasn't taking notes on the lecture.

(그녀는 강의 시간에 메모를 안 하고 있었다.)

I kept a careful note of what he said.

(나는 그가 말한 내용을 세심하게 기록했다.)

Keep a note of where each item can be found.

(각 품목을 어디에서 찾을 수 있는지 메모를 해 놓아라.)

Mr. Perry made a note in his book.

(페리 씨는 책에다 메모를 했다.)

Just make a note of that on their file.

(그들의 파일에 그 건에 관해 기록만 해두세요.)

Then I make a note on the same pad everytime I use a medication.

Take notes during the consultation as the final written report is very concise.

Keep a note of the emergency numbers you should call if your credit or debit cards are stolen.

▶ take a photo: '사진을 찍다'라는 뜻으로 쓰인다.

Would you take a photo with me?

(당신은 저와 함께 사진 찍으실래요?)

I whistled a dog up to take a photo with him.

(나는 함께 사진을 찍기 위해 휘파람으로 강아지를 불렀다.)

Before you take a photo, you should bring it into focus.

▶ take a shower: '샤워를 하다'라는 뜻으로 쓰인다.

She was too tired to take a shower.

(그녀는 샤워를 하기엔 너무 지쳐 있었다.)

I think I'll take a shower before dinner.

(나 저녁 먹기 전에 샤워하려고 해.)

She went out, leaving Rachel to undress and take a shower.

▶ take/do a test: '테스트[검사]를 받다'라는 뜻으로 쓰인다.

Why don't you drink water before you take a test?

(검사를 받기 전에 물을 마시는 것은 어때요?)

All candidates will be required to take a short test.

(모든 후보자[지원자]들은 간단한 테스트를 받아야 한다.)

Do a DNA test if you want.

(당신이 원한다면 디엔에이 검사를 해요.)

When in doubt, always do a blood sugar test.

(미심쩍으면, 항상 혈당검사를 해라.)

I don't feel like taking a test now.

Your GP can do a test but may tell insurance companies.

▶ take a walk: '산책하다'라는 뜻으로 쓰인다.

Let's go outside and take a walk.

(우리 밖에 나가서 산책하자.)

I usually take a walk after dinner.

(나는 보통 저녁 식사 후에 산책을 한다.)

My hobby is taking a walk with my puppy.

▶ take/do an exam: '시험을 치다[보다]'라는 뜻으로 쓰인다.

I took an exam at school today.

(나는 오늘 학교에서 시험을 쳤다.)

Do you have to take an exam in English?

(너는 영어로 시험을 쳐야하니?

Secondly, we just did an exam.

(두 번째로 우린 꼭 시험을 쳐야했다.)

Today, as stated, I should be doing an exam.

(오늘 말한 바와 같이 나는 시험을 쳐야 한다.)

I'm going to take four exams next month.

Dave's doing his Accountancy exams next week.

▶ take action: '(조치·방법 등을) 취하다[쓰다], ~에 대해 조치를 취하다'라는 뜻이다.

The government is taking action to combat drug abuse.

(정부가 약물 오남용과 싸우기 위한 조치를 취하고 있다.)

The pilots had to take emergency action to avoid a disaster.

(조종사들은 재난을 피하기 위해 비상조치를 취해야 했다.)

The government needs to take action to boost the economy.

〈bring의 경우〉

bring은 '가져오다, 데려오다, 가져다[제공해] 주다'라는 뜻으로 누군가/무엇과 함께 오다(come with sb/sth (NOT 'go'))라는 것을 의미한다.

She brought her friend to the party.

(그녀는 그 파티에 남자 친구를 데리고 왔다.)

Don't forget to bring your books with you.

(올 때 잊지 말고 책 가져 와.)

The team's new manager brings ten years' experience to the job.

(그 팀의 새 부장은 그 직책에 십 년 동안의 경험을 가지고 온다.)

I'll see you tomorrow at the club, and remember to bring your tennis racket.

이 외에 bring은 ① '야기하다, 가져오다', ② '(특정 상태·장소에) 있게 하다, …하게 하다' ③ '(특정 방향·방식으로) 움직이게 하다'와 ④ '(간신히)…을[를] 하다'라는 뜻으로도 쓰인다.

①의 예

The revolution brought many changes.

(그 혁명은 수많은 변화를 가져 왔다.)

The news brought tears to his eyes.

(그 뉴스를 들은 그는 눈물을 흘렸다.)

The minister's speech brought an angry reaction from his opponents.

②의 예

Bring the water to the boil.

(물을 끓어오르게 하라[끓여라].)

Add sweet potatoes, cover pan and bring water to the boil.

(고구마와 물을 넣고 뚜껑을 닫은 다음 끓인다.)

She reached up to the shelf and brought down a box.

③의 예

Her cries brought the neighbors running.

(그녀의 눈물을 듣고 이웃들이 달려왔다.)

The judge brought his hammer down on the table.

(판사가 판사봉[법봉]을 탁자 위에 내려놓았다.)

Her sad letter brought many offers of help.

④의 예

I just can't seem to bring myself to tell him.

(나는 좀처럼 말이 나오지 않아.)

She could not bring herself to tell him the news.

(그녀는 그에게 차마 그 소식을 전할 수가 없었다.)

She's such a sweet girl that I couldn't bring myself to refuse her request.

* bring은 구동사로 다양하게 쓰인다.

bring about: '…을[를] 유발[초래]하다'라는 뜻이다.

We shall bring about practical results.

(우리는 현실적인 결과들을 가져올 것이다.)

What brought about the change in his attitude?

(어째서 그의 태도가 변했지?)

Does it really bring about the innovation we are seeking?

(그것이 정말로 우리가 모색하고 있는 혁신을 가져올까요?)

Revenge will never bring about peace.

Years of protest finally brought about change in the law.

bring back: '…을[를] 돌려주다, …을[를] 다시 가져다[데려] 주다, …을[를] 다시 도입하다, …을[를] 기억나게 하다[상기시키다], ~에게 …을[를] 돌려주다, ~에게 …을[를] 가지고 돌아가다'라는 뜻이다.

He brought me back in his car.

(그가 자기 차로 나를 다시 데려다 주었다.)

What did you bring the kids back from Italy?

(이탈리아에서 돌아오면서 아이들에게 뭘 갖다 주셨어요?)

Most people are against bringing back the death penalty.

(사형 제도를 도입하는 것에는 대부분의 사람들이 반대한다.)

The photographs brought back many pleasant memories.

(그 사진들이 많은 즐거운 기억들을 떠올리게 했다.)

Please bring back all library books by the end of the week.

(이번 주말까지 도서관 책을 모두 반납해 주시기 바랍니다.)

I brought T-shirt back for Mark.

I promised to bring them back for a visit.

Many states have voted to bring back the death penalty.

Watching the fire brought back memories of the day my own house burned down.

bring down: '…을[를] 실각시키다[패배시키다], (스포츠에서) …을[를] 쓰러뜨리다, (항공기를) 착륙시키다, (짐승·새를) 거꾸러뜨리다[떨어뜨리다]'라는 뜻으로 쓰인다.

He was brought down in the penalty area.

(페널티 구역에서 그는 상대편에 걸려 쓰러졌다.)

He brought down the bear with a single shot.

(그는 단 한 방에 곰을 거꾸러뜨렸다.)

The scandal may bring down the government.

(그 스캔들로 정부가 실각하게 될 수도 있다.)

Twelve enemy fighters had been brought down.

(열두 대의 적기가 이미 격추된 상태였다.)

The pilot managed to bring the plane down in a field.

(조종사가 비행기를 들판에 간신히 착륙시켰다.)

He brought down the ax with a thud.

New taxes to help bring down the deficit.

A bomber was brought down by anti-aircraft fire.

The people succeeded in bringing down the dictator.

He brought the Cessna down in a hay-meadow by the river.

bring forth: '…을[를] 낳다[생산하다]'라는 뜻으로 쓰인다.

She brought forth a son.

(그녀는 아들을 낳았다.)

Idleness and luxury bring forth poverty and want.

(나태와 사치는 가난과 결핍을 낳는다.)

A man tried to bring forth evidence for his innocence.

(한 남자는 자신의 결백을 위해 증거를 제시하려고 노력하였다.)

Bringing forth the symbolism of death is a major part of this writing.

Her letter to the paper brought forth a flood of supportive comments.

bring forward: '(날짜·시간을) 앞당기다, (안건을) 제기하다, (합계를) 이월하다'라는 뜻으로 쓰인다.

Please bring the matter forward at the next meeting.

(다음 회의 때 그 문제를 제기해 주십시오.)

The meeting has been brought forward from 10 May to 3 May.

(그 회의는 오 월 십 일에서 오 월 삼일로 앞당겨졌다.)

A credit balance of $50 was brought forward from his September account.

(예금 오십 달러가 그의 구 월 계정에서 이월되었다.)

The match has been brought forward to 1:00 p.m.

The various departments have not yet brought forward their spending plans.

bring in: '…을[를] 관여[참여] 하게 하다, (경찰이) …을[를] 연행하다, (새 법을) 도입하다, (장소·사업에) 유치하다, (판결을) 내리다, (돈을) 벌다'라는 뜻으로 다양하게 쓰인다.

The judge brought in a verdict of guilty.

(배심원단이 유죄 판결을 내렸다.)

Two men were brought in for questioning.

(두 명의 남자가 심문을 받기 위해 연행되었다.)

We need to bring in a lot more new business.

(우리는 더 많은 신규 사업을 유치할 필요가 있다.)

They want to bring in a bill to limit arms exports.

(그들은 무기 수출 제한 법안을 도입하고자 한다.)

His freelance work brings him in about $20,000 a year.

(그는 프리랜스 작업으로 일 년에 약 이만 달러를 번다.)

Local residents were angry at not being brought in on the new housing proposal.

(지역 주민들은 새 주택 계획안에 관여하지 못한 것에 화가 났다.)

How much does she bring in now?

Experts were brought in to advise the government.

She said the government would bring in the necessary legislation to deal with the problem.

bring up: '(예의범절을 가르쳐 가며) …을[를] 기르다[양육하다], (법정에) 소환하다, (화제를) 꺼내다, 토하다[게우다]라는 뜻으로 쓰인다.

Bring it up at the meeting.

(회의 때 그 말을 꺼내 보세요.)

She brought up five children.

(그녀는 다섯 명의 아이를 길렀다.)

He was brought up on a charge of drunken driving.

(그는 음주 운전 혐의로 소환 당했다.)

The ride was so scary I almost brought up my lunch.

(승마가 너무 무서워서 나는 점심 먹은 것을 거의 토했다.)

He was brought up by his aunt.

All of our kids were brought up to respect other people.

Some people laughed at the idea when I first brought it up.

She was crying so much I thought she'd brought up her breakfast.

* pick up은 '(…을[를] (차에) 태우러 가다'라는 뜻으로 누군가가 기다리고 있는 장소에 가서, 보통 자동차 또는 차로 누군가를 어떤 곳으로 데려갈 때 쓰인다. 이 외에 pick up은 '회복되다[개선되다], 더 강해지다, 다시 시작하다, (특히 다른 사람을 위해서) 정리정돈하다[치우다]. (특히 사람이 가 닿기 힘든 곳에 있는) …을[를] 구조해 내다. (성적인 대상으로) …을[를] 꼬시다, ~의 기분이 좋아지게 하다, …을[를] 집다[들어 올리다], 전화를 하다, (어떤 정보를) 듣게[알게] 되다, (습관·재주 등을) 들이게[익히게] 되다 등'라는 뜻으로 다양하게 쓰인다.

I'll pick you up at five.

(내가 다섯 시에 널 태우러 갈게[올게].)

The bus picks up passengers outside the airport.

(그 버스는 공항 밖에서 승객을 태운다.)

I already told him. I'm here to pick up my mother.

(나는 이미 그에게 말했어. 나는 우리 엄마를 데리러 왔어.)

We drove to the airport the next morning to pick up Susan.

I picked her up at Covent Garden to take her to lunch with my mother.

I'll pick you up at your house just after seven. That gives us half an hour to get to the stadium.

* pick up이 '(…을[를] (차에) 태우러 가다'라는 뜻 이 외에 다른 뜻으로 쓰이는 경우는 다음과 같다.

Try this—it will pick you up.

(이걸 해[써/먹어]봐. 기분이 나아질 거야.)

A lifeboat picked up survivors.

(구명정 한 척이 생존자들을 구조해 내었다.)

He goes to clubs to pick up girls.

(그는 아가씨들을 꼬시러 클럽에 간다.)

Trade usually picks up in the spring.

(거래가 보통 봄이 되면 회복된다.)

Here's a tip I picked up from my mother.

(여기 내가 우리 어머니께 들어 알게 된 요령이 있어.)

Let's pick up where we left off yesterday.

(어제 중단한 부분에서 다시 시작합시다.)

The phone rang and rang and nobody picked up.

(전화벨이 울리고 또 울렸으나 아무도 전화를 받지 않았다.)

She went over to the crying child and picked her up.

(그녀는 그 이이에게로 가더니 그 애를 들어 올렸다.)

All I seem to do is cook, wash and pick up after the kids.

(내가 하는 일이라곤 온통 밥하고 빨래하고 애들 뒤따라 다니면서 집 치우는 것뿐인 것 같다.)

They pick up garbage on the street.

Sales have picked up 14% this year.

Pick up the phone, Jenny! It's for you.

Do you want me to pick up something for you at the store?

It's amazing how quickly Lee picked up Russian — he hasn't lived there very long.

* fetch는 '(어디를 가서) 가지고[데리고/불러] 오다'라는 뜻으로 물건이 있는 장소에 가서 그것을 갖고 되돌아올 때 쓰인다. 그리고 fetch는 '(특정 가격에) 팔리다'〈The painting is expected to fetch $10,000 at auction.(그 그림은 경매에서 만 달러에 팔릴 것으로 예상된다.)〉라는 뜻으로도 쓰인다.

Could you fetch me my bag?

(내 가방 좀 갖다 주겠니?)

She's gone to fetch the kids from school.

(그녀는 학교에 아이들을 데리러 갔다.)

The inhabitants have to walk a mile to fetch water.

(주민들은 물을 길어 오기 위해 일 마일을 걸어가야 한다.)

Sylvia fetched a towel from bathroom.

The caddie ran over to fetch something for him.

* send는 '(사람을) 보내다'라는 뜻으로 누군가를 어떤 곳에 가도록 말을 하지만 함께 가지는 않을 때 쓰인다. send는 이 외에 '(특히 우편·이메일·무선 등으로) 보내다, 발송하다, (메시지·전갈을) 전하다[보내다]'의

뜻으로도 쓰인다.

She sent the kids to bed early.

(그녀는 아이들을 일찍 자러 보냈다.)

I've sent Tom to buy some milk.

(나는 톰을 우유를 사러[사 오라고] 보냈다.)

Ed couldn't make it so they sent me instead.

(에드가 참석할 수 없어서 그들이 나를 대신 보냈다.)

He had been sent here to keep an eye on Benedict.

Inspector Banbury came up to see her, but she sent him away.

* send가 '(사람을) 보내다'라는 뜻 이외의 쓰임새는 다음과 같다.

He sent me word to come.

(그는 나에게 오라는 전갈을 보냈다.)

She sent the letter by airmail.

(그녀는 그 편지를 항공 우편으로 보냈다.)

Her music always sends me to seep.

(그녀의 음악을 들으면 난 항상 잠이 온다.)

Every step he took sent the pain shooting up his leg.

(그는 걸음을 땔 때마다 통증이 다리 위로 뻗쳤다.)

My parents send their love.

(저희 부모님께서 안부 전하셨어요.)

All the publicity nearly sent him crazy.

(세상의 그런 모든 관심 때문에 그는 거의 미칠 지경이었다.)

A radio signal was sent to the spacecraft.

(그 우주선으로 무선 신호가 보내졌다.)

What sort of message is that sending to young people?

(그것이 젊은이들에게 전하는 메시지는 무엇인가요?)

He sent a ball deep into the stands for a home run.

The explosion sent debris of the building to the surrounding area.

* lead는 '(앞장서서) 안내하다[이끌다/데리고 가다'라는 뜻으로 누군가의 앞에서 걸으면서, 팔을 잡고서 등으로 어떤 장소에 누군가를 안내할 때 쓰인다.

He led us out into the grounds.

(그가 우리를 이끌고 운동장으로 나갔다.)

She led the horse back into the stable.

(그녀가 그 말을 다시 마굿간으로 데리고 갔다.)

The receptionist led the way to the boardroom.

(안내실 직원이 중역실로 가는 길을 안내해 주었다.)

John Major and the Duke of Edinburgh led the mourners.

He took Dickon by the hand to lead him into the house.

* lead가 '(앞장서서) 안내하다[이끌다/데리고 가다'라는 뜻 이 외에 '(사물·장소로) 연결되다, (도로가 특정 방향·장소로) 이어지다[통하다], (결과적으로) ~에 이르다[~하게 되다], (사람으로 하여금 어떤 행동·생각을) 하게 하다[유도하다], (~에서) 선두를 달리다[앞서다], …을[를] 지휘하다[인솔하다/이끌다]'라는 뜻로 다양하게 쓰이는 예는 다음과 같다.

It's your turn to lead.

(네가 먼저 시작할 차례야.)

The wire led to a speaker.

(그 전선은 스피커로 연결되어 있었다.)

Which door leads to the yard?

(어느 문이 마당으로 통하는 거지?)

What led you to this conclusion?

(당신은 어째서 이런 결론을 내리게 되었죠?)

Who will lead the party in the next election?

(다음 선거에서는 그 당을 누가 이끌죠?)

The department led the world in cancer research.

(그 과는 암 연구에서 세계 제일이었다.)

Eating too much sugar can lead to health problems.

(설탕을 너무 많이 먹으면 건강에 문제가 생길 수 있다.)

A path led up the hill.

(언덕 위로 오솔길이 하나 나 있었다.)

We led the way in space technology.

(우리는 우주 공학 부문에서 선두를 달리고 있다.)

This has led scientists to speculate on the existence of other galaxies.

(이것으로 인해 과학자들이 다른 은하계가 존재한다고 추측하게 되었다.)

Praise leads a child to study harder.

The bribery case led to his dismissal.

Which street will lead us to Church Park?

* 누군가를 (어디로부터) collect('…을[를] 데리러[가지러] 가다') 또는 fetch한다는 것은 그곳에 가서 함께 데리고 되돌아 올 때 쓰인다.

The hotel had a taxi waiting to collect us.

(호텔에서 우리를 태울 택시를 대기시켜 놓고 있었다.)

She's gone to collect her son from school.

(그녀는 학교에 아들을 데리러 갔다.)

We arranged for a car to collect us from the airport.

(우리는 차가 와서 우리를 공항에서 태워 가도록 처리했다.)

He collected the children from school.

David always collects Alistair from School on Wednesdays.

* collect가 '…을[를] 데리러 가다' 이 외에 '…을[를] 가지러 가다, 모으다, 수집하다, (어떤 장소에 서서히) 모이다. 모금하다, (빚·세금 등을) 수금하다[징수하다], (상 등을) 받다[타다]'라는 뜻으로 쓰이는 예는 다음과 같다.

We're collecting for local charities.

(저희는 지역 단체들을 위해 모금을 하고 있습니다.)

What day do they collect the rubbish?

(쓰레기는 무슨 요일에 수거하러 오나요?)

She collected $50,000 in compensation.

(그녀는 보상금을 오만 달러를 받았다.)

Dirt had collected in the corners of the room.

(방구석들에 먼지가 쌓여 있었다.)

Samples were collected from over 200 patients.

(이백여 명의 환자들로부터 샘플이 수집되었다.)

The package is waiting to be collected.

(저 꾸러미는 주인이 찾아가기를 기다리고 있다.)

We collected over $1,000 for the appeal.

(우리는 그 구호를 위해 천 달러 넘게 모금했다.)

We're collecting signatures for a petition.

(우리는 청원서를 제출하기 위해 서명을 받고 있습니다.)

We seem to have collected an enormous number of boxes.

([의도한 게 아닌데] 엄청나게 많은 상자들이 모인 것 같다.)

She paused for a moment to collect herself.

He was grateful for a chance to collect his thoughts.

5 compare to와 compare with의 차이

compare는 '비교하다, (~에) 필적하다[비교가 되다]'라는 뜻이다. 그런데 compare to는 주로 '~에 비유하다'라는 뜻으로 어떤 사람이나 사물을 다른 사람이나 사물과 유사성이 있는 것을 묘사할 때 쓰인다. compare with는 둘 또는 더 많은 사람들/사물들/개념들 등을 유사성 그리고/또는 차이점을 발견하기 위해 검토[조사]할 때 쓰인다.

〈compare의 경우〉

We compared the two reports carefully.

(우리는 그 두 보고서를 세심히 비교했다.)

It is interesting to compare their situation and ours.

(그들의 상황과 우리 상황을 비교해 보면 재미있다.)

It is particularly interesting to compare the two versions.

(그 두 가지 해석을 비교해 보면 특히 재미있다.)

Compare the two illustrations in Fig 60.

Was it fair to compare independent schools with state schools?

〈compare to의 경우〉

Life is often compared to a voyage

(인생은 종종 여행에 비유된다.)

She compared the child to a noisy monkey.

(그녀는 그 아이를 시끄럽게 떠드는 원숭이에 비유했다.)

The critics compared his work to that of Martin Amis.

(그 평론가들은 그의 작품을 마틴 에이미스의 작품에 비유했다.)

I can only compare the experience to falling in love.

Commentators compared his work to that of James Joyce.

그런데 compare to가 '비교하다'의 뜻으로 쓰이는 경우도 더러 있다.

He doesn't compare to his brother.

(그는 그의 형/남동생에 미치지는 못한다.)

How do sales in 2015 compare to those for the previous year?

(이천십오 년도의 판매액과 전년도의 판매액을 비교해 보면 어떨까요?)

Compared to most animals, people live a very long time.

〈compare with의 경우〉

This school compares with the best in the country.

(이 학교는 국내 최고 학교들에 필적하는 수준이다.)

This house doesn't compare with our previous one.

(이 집은 우리 이전 집과는 비교가 안 된다.)

We carefully compared the first report with the second.

(우리는 첫 보고서를 두 번째 보고서와 자세히 비교했다.)

My own problems seem insignificant compared with other people's.

(다른 사람들의 문제들과 비교해 보면 내 자신의 문제는 대수롭지 않아 보인다.)

Our road safety record compares favorably with that of other Europian countries.

Having compared the new dictionary with the old one, she found the new one more helpful.

6 disagree와 refuse의 차이

disagree는 의견[뜻]이 다르다, 동의하지 않다'라는 뜻으로 똑같은 의견을 갖지 않는 경우에 쓰인다. refuse는 '(요청·부탁 등을) 거절[거부]하다'라는 뜻으로 누군가가 하도록 요청이나 부탁 받은 것을 하지 않을 것을 이야기하는 경우에 쓰인다.

〈disagree의 경우〉

Even friends disagree sometimes.

(친구지간에도 뜻이 안 맞을 때가 있는 법이다.)

He disagreed with his parents on most things.

(그는 대부분의 것에 대해 부모와 의견이 달랐다.)

I respect the president but I disagree with his decision.

(나는 대통령을 존경하지만 그의 결정에는 반대이다.)

No, I disagree. I don't think it would be the right thing to do.

We tended to disagree about politics, but we were still good friends.

◈ disagree는 의견[뜻]이 다르다, 동의하지 않다'라는 뜻 이 외에 '(진술·보고서들이) 내용이 다르다[일치하지 않다]'라는 뜻으로도 쓰인다.

But critics disagree with the study.

(하지만 이에 대해 비판적인 사람들은 이 연구 결과에 대해 부정적이다.)

Others disagree with the results of this study.

(다른 사람들은 이 연구의 결과의 내용이 일치하지 않는다고 말한다.)

Two pathologists examined the body, but their findings disagreed.

∗ disagree 뒤에 전치사는 with가 쓰여 disagree with (sb/sth)의 형태를 취한

다. disagree with sb는 '(특히 음식·기후 따위가) ~에게 안 맞다[받다]'라는 뜻으로, disagree with sth이나 disagree with doing sth은 '…을[를] 좋지 않게 생각하다'라는 뜻으로 쓰인다.

I disagree with violent protests.

(나는 폭력 시위는 반대다.)

We disagree with every point she makes.

(우리는 그녀의 모든 지적에 반대한다.)

Spicy food really disagree with me.

(양념 맛이 강한 음식은 정말로 나에게 안 맞다.)

I love strawberries, but they disagree with me.

(나는 딸기를 아주 좋아하지만 몸에는 잘 안 받는다.)

Some people disagree with this argument.

Orange juice seems to disagree with some babies.

* 주제가 특별한 사람인 경우에는 that 절을 도입하기 위해 not agree가 쓰인다. 그런데 일반적인 진술에서는 긍정적인 의미를 제공하기 위해 disagree가 보통 that 절 앞에 not, nobody 등과 함께 쓰인다.

I don't agree that the people there are repressed.

(나는 그 곳에 있는 사람들이 억압을 받고 있다는 것에 동의하지 않는다.)

I don't agree that Hatton is not modest in his demeanour.

(나는 하튼이 겸손하지 못하다는 것에 동의하지 않는다.)

She cannot agree that farmers should be an exception.

No one would disagree that it is a shambles.

(=Everyone would agree that...)

(그게 엉망이다는 것을 누구도 부정하는 사람은 없을 것이다.)

No one can disagree that these crimes must be stopped.

(이런 범죄들이 멈추어야 한다는 것을 누구도 부정하는 사람은 없을 것이다.)

No one disagrees that a change in the law is overdue and should be made soon.

Few would disagree that travel broadens the mind.

(=Most would agree that...)

(여행이 마음을 넓혀 준다는 것에 동의하지 않을 사람은 거의 없을 것이다.)

Few would disagree that life insurance is a family necessity.

(생명 보험이 가정에 꼭 필요한 것이라는데 이의를 제기하는 사람은 별로 없을 것이다.)

Few would disagree that she has served her country well.

〈refuse의 경우〉

Go on, ask her; she can hardly refuse.

(어서, 그녀에게 부탁해 봐. 그녀는 거절하기 힘들 거야.)

He flatly refused to discuss the matter.

(그는 그 문제에 대한 논의를 딱 잘라 거부했다.)

She refused to accept that there was a problem.

(그녀는 문제가 있다는 것을 받아들이기를 거부했다.)

He tried to persuade her to come with him, but she refused.

The students were asked to leave the building but they refused.

◈ refuse는 '(요청·부탁 등을) 거절[거부]하다'라는 뜻 이 외에 ① '(제의·초청 등을) 거절하다'(=turn down)와 ② '(남이 원하거나 필요로 하는 것을) 거부하다'(=deny)라는 뜻으로도 쓰인다.

①의 예

I politely refused their invitation.

(나는 그들의 초대를 정중히 거절했다.)

The job offer was simply too good to refuse.

(그 일자리 제의는 그저 너무 좋아서 거절할 수가 없었다.)

Sutton refused food in protest against conditions in the prison.

②의 예

They refused him a visa.

(그들이 그의 비자 발급을 거부했다.)

She would never refuse her kids anything.

(그녀는 아이들에게 뭐든 거부하는 법이 없었다.)

Immigration authorities reufused him a visa.

* 그런데 무언가에 대해 반대한다고 말하는(say that you are against something) 경우에는 object (to sth)이 쓰인다.

I really object to being charged for parking.

(나는 주차 요금을 물리는 것은 정말 반대다.)

Many local people object to the building of the new airport.

(많은 지역 주민들이 그 새 공항 건설을 반대한다.)

Rebecca objects to being asked out by people at work.

7 assure와 ensure의 차이

assure는 '장담하다, 확언[확약]하다'라는 뜻과 이 외에 다른 뜻으로 쓰인다. ensure는 '반드시 …하게[이게] 하다, 보장하다'라는 뜻이다. assure는 특별히 걱정을 덜 하도록 상대방에게 분명히 일어날 것이거나 사실일 거라는 것을 말해주는 경우에 쓰인다. ensure는 일어날 것이거나 존재할 것을 확인하는 경우에 쓰인다. 그리고 assure의 경우 상대방에게 어떤 사실(that 절 이하의 내용)을 확실하게 장담하거나 확언하는 경우에 주어+동사+상대방+that~(I assure you that we are doing everything we can to avoid further delays.)의 글로 되는 경우가 대부분이다.

〈assure의 경우〉

She's perfectly safe, I can assure you.

(그녀는 전적으로 안전해. 내가 장담할 수 있어.)

We were assured that everything possible was being done.

(우리는 가능한 모든 조치가 취해지고 있다고 장담하는 말을 들었다.)

You think I did it deliberately, but I assure you (that) I did not.

(넌 내가 일부러 그랬다고 생각하지만, 네게 확실히 말하는데 그렇지 않아.)

The doctor assured me that there was no need dor alarm.

I assure you that the report will be on your desk by tomorrow lunchtime at the latest.

◈ assure는 '장담하다, 확언[확약]하다'라는 뜻과 이 외에 ① ~yourself (of sth)으로 쓰여 '(~임을) 확인하다', ② '보장하다'(=guarantee)와 ③ 영국영어에서 '(특히 생명) 보험에 들다'라는 뜻으로도 쓰인다.

①의 예

He assured himself of her safety.

(그는 그녀가 안전함을 확인했다.)

She assured herself that the letter was still in the drawer.

(그녀는 그 편지가 아직도 서랍 속에 있음을 확인했다.)

You should reserve early to assure yourself of the best tickets.

②의 예

I assure you there will be no pain.

(어떤 고통도 없을 거라고 내가 너에게 보장한다.)

Victory would assure a place in the finals.

(승리하면 결승전 진출이 보장될 것이다.)

He assured me that he would help.

③의 예

What is the sum assured?

(보험금 액수가 얼마인가요?)

You'd better assure yourself against cancer.

(당신이 암 보험에 드는 게 낫겠다.)

A person who either holds or gains from a life insurance policy is called the assured.

◈ assure의 경우 상대방에게 어떤 사실(that 절 이하의 내용)을 확실하게 장담하거나 확언하는 경우에 '주어+동사+상대방+that~'의 글로 되는 경우가 대부분이다.

I can assure you that you are not alone.

(난 자네가 혼자가 아니라는 것을 장담할 수 있어.)

I can assure you that mine are still greater.

(나는 내 것이 아직 더 좋다고 너에게 보증할 수 있다.)

I can assure him that that was not intended.

(나는 그것이 의도하지 않은 것임을 그에게 확언할 수 있다.)

Can you assure us that we are not actually being ripped off?

(우리가 진짜로 바가지 쓰고 있는 거 아니라고 확신할 수 있어?)

We assure all our consumers that the meat is safe to eat.

〈ensure의 경우〉

The book ensured his success.

(그 책은 그의 성공을 보장해 주었다.)

Please ensure (that) all lights are switched off.

(반드시 모든 불을 끄도록 하시오.)

If you want to ensure that you catch the plane, take a taxi.

(그 비행기를 꼭 타고 싶다면 당신은 택시를 타세요.)

This decision ensured a large income for her son.

Measures are being taken to ensure public safety.

◈ '(…이 맞는지) 확인하다'라는 뜻으로 쓰이는 것으로 make certain (that...)가 있다.

Please make certain your seat belt is fastened.

(안전벨트가 매여졌는지 확인해 주십시오.)

I think there's a bus at 8 but you'd better call to make certain.

(여덟 시에 버스가 있는 것 같긴 하지만 전화로 확인을 해 보는 것이 좋을 것이다.)

I went back into the house to make certain the stove was turned off.

◈ '반드시[꼭] …을[를] 하다'라는 뜻으로는 make certain of sth/of doing sth 이 쓰인다.

There'll be no evidence—I'll make certain of that.

(증거가 없을 것이다. 나는 그것에 대해 확실히 할 것이다.)

Before we offer him the job, we make certain of his reliability.

(우리가 그에게 일자리를 제공하기 전에 그의 신뢰성을 확인한다.)

He made certain of winning the game.

(그가 틀림없이 시합에 이길 것으로 생각되었다.)

You'll have to leave soon to make certain of getting there on time.

(거기에 반드시 제 시간에 닿으려면 곧 출발해야 할 것이다.)

There's only one way to make certain of an outcome in an election.

You do so to make certain of the facts, you need to be sure that it is true.

◈ '~하는 것은 틀림없다, 확실하다, 부정할 수 없다, 논의[반박, 의심]의 여지가 없다'라는 뜻으로는 it is certain that~이 쓰인다.

It is certain that they will agree.

(그들이 틀림없이 동의할 것이다.)

It is certain that he will be promoted.

(그가 승진될 것이라는 것은 확실하다.)

They are so in love, it is certain they will marry.

◈ for certain은 '틀림없이[확실히]'(=without any doubt)라는 뜻으로 쓰인다.

I don't know it for certain.

(나는 그걸 확실히 모르겠어요.)

I can's say for certain that when we'll arrive.

(우리가 언제 도착할지 확실히 말할 수는 없다.)

I don't know for certain what I'll do when I leave school.

8 find와 find out/come across의 차이

find는 '(우연히) 찾다[발견하다], 찾다[되찾다], (연구·생각한 끝에) 찾아[알아]내다, (시도·시험·경험 등으로) 알게 되다[발견하다], …라고 여기다[생각하다], (사용할 수 있도록) 찾다[마련하다], (사물이) (자연스럽게) …하게 되다, …에 이르다, (존재하고 있는 것을) 보다[발견하다], 평결[판결]을 내리다'라는 뜻으로 다양하게 쓰인다. 이 가운데 '(우연히) 찾다[발견하다]'는 우연히 또는 찾음으로써 어떤 것을 발견하는 경우에 쓰인다.

find out (about sth/sb) 또는 find out sth(about sth/sb)는 '(~에 대해)(…을[를] 알아내다[알게 되다]'(=learn, uncover)라는 뜻으로 알고 싶은 어떤 것에 관해 정보를 획득하는 경우에 쓰인다.

〈find의 경우〉

Look what I've found!

(내가 뭘 찾았는지 한번 봐!)

A whale was found washed up on the shore.

(고래 한 마리가 해변으로 쓸려 온 것이 발견되었다.)

We've found a great new restaurant near the office.

(우리가 사무실 근처에서 근사한 새 식당을 한 군데 발견했어.)

Did you ever find the sunglasses you lost?

I can't find my comb. Have you seen it anywhere?

◈ find가 '(우연히) 찾다[발견하다]'는 우연히 또는 찾음으로써 어떤 것을 발견하는 경우 이 외에 다양한 뜻으로 쓰인다. find는 ① '(잃어버려서 찾고 있던 것을) 찾다[되찾다]', ② '(연구·생각한 끝에) 찾아[알아]내다', ③ '(시도·시험·경험 등으로) 알게 되다[발견하다]', ④ '…라고 여기다[생각하

다]', ⑤ '(사용할 수 있도록) 찾다[마련하다]', ⑥ '(사물이) (자연스럽게) …하게 되다, …에 이르다', ⑦ '(존재하고 있는 것을) 보다[발견하다]'와 ⑧ 평결[판결]을 내리다'라는 뜻으로 다양하게 쓰인다.

①의 예

Can you find my bag for me?

(내 가방 좀 찾아 주겠니?)

The child was found safe and well.

(그 아이는 무사히 찾았다.)

I wanted to talk to him but he was nowhere to be found.

(나는 그와 이야기를 하고 싶었지만 어디에서도 그를 찾을 수가 없었다.)

Can you find me my bag?

②의 예

Can you find a hotel for me?

(제가 묵을 호텔 좀 알아 봐 주시겠어요?)

I managed to find a solution to the problem.

(나는 간신히 그 문제의 해결법을 알아내었다.)

Have they found anyone to replace her yet?

(그들이 그녀를 대신할 사람을 벌써 찾았나요?)

I'm having trouble finding anything new to say on this subject.

③의 예

I find (that) it pays to be honest.

(나는 정직한 것이 득이 된다는 것을 (경험으로) 안다.)

We found the beds very comfortable.

(우리는 그 침대가 아주 편안하다는 것을 알게 되었다[(우리가 써 보니) 그 침대는 아주 편했다].)

The report found that 30% of the firms studied had failed within a year.

(그 보고서에서는 연구 대상 회사들 가운데 삼십 퍼센트가 일 년 이내에 도산한 것을 발견했다.)

She finds that she can lose weight just by eating less.

④의 예

You may find your illness hard to accept.

(당신이 당신의 질병을 받아들이기 힘들다고 여길 수도 있다.)

I find it amazing that they're still together.

(나는 그들이 아직도 함께 있는 것이 놀랍다.)

You may find it hard to accept your illness.

(당신이 당신의 질병을 받아들이기 힘들다고 여길 수도 있다.)

I didn't find her an easy woman to work with.

⑤의 예

How are we going to find $15,000 for a car?

(일만오천 달러라는 차 값을 우리가 어떻게 마련하지?)

I desperately need some cash but I can't find an ATM.

(내가 아주 급하게 돈이 필요한데 현금 자동 인출기를 찾을 수가 없어요.)

I keep meaning to write, but never seem to find (the) time.

(나는 계속 편지를 쓰려고 하는데, 도저히 시간이 안 나는 것 같다.)

He's going to Mexico, and I'm going too if I can find the money.

⑥의 예

Water will always find its own level.

(물은 언제나 평평한 상태를 유지하려 한다.)

Society needs to find its own equilibrium.

(사회는 스스로의 균형을 찾을 필요가 있다.)

Most of the money finds its way to the people who need it.

(그 돈의 대부분은 그것을 필요로 하는 사람들에게로 가게 된다.)

The bullet found its mark.

⑦의 예

These flowers are found only in Africa.

(이 꽃들은 아프리카에서만 발견된다.)

This type of snake is only found in South Africa.

(이런 종류의 뱀은 남아프리카에서만 발견된다.)

You'll find this style of architecture all over the town.

(이런 건축 양식은 그 소도시 전역에서 보게 된다.)

Fiber is found in cereal foods, beans, fruit and vegetables.

⑧의 예

The jury found him guilty.

(배심원단이 그에게 유죄 평결을 내렸다.)

How do you find the accused?

(피고에 대해 어떤 평결을 내렸습니까?)

He was found guilty of embezzling $150,000 of public funds.

(그는 공금 십오만 달러를 횡령한 것으로 유죄 선고를 받았다.)

The court found in her favour.

〈find out의 경우〉

I haven't find anything out about him yet.

(나는 아직 그에 대해 알아 낸 게 아무것도 없다.)

Can you find out what time the meeting starts?

(그 회의가 몇 시 시작하는지 알아 볼 수 있어요?)

We found out later that we had been at the same school.

(우리는 나중에 우리가 같은 학교에 다녔다는 걸 알게 되었다.)

She'd been seeing the boy for a while, but didn't want her parents to find out.

(그녀는 그 남자애를 오랫동안 만나 왔지만 부모님이 알게 되기를 원하지 않았다.)

I won't tell you — you'll have to find out for yourself.

He's gone to find out which gate the plane leaves from.

* 그런데 find sb out은 '~의 잘못을 적발하다'라는 뜻으로 쓰인다.

He is stealing from the company, but the manager find him out.

(그가 회사에서 도둑질을 하고 있지만 매니저는 그를 적발한다.)

After years of embezzling from his employers, he was finally found out.

(고용주로부터 횡령을 한 수년 후에 그는 마침내 적발되었다.)

He had been cheating the taxman but it was years before he was found out.

(그가 계속 세무서[세무 당국]을 속여 왔었지만 수년이나 지나서야 적발되었다.)

Her face was so grave, I wondered for a moment if she'd found me out.

◈ come across는 '우연히 마주치다[발견하다]'라는 뜻으로 우연히 누군가 또는 어떤 것을 찾거나 만나는 경우에 쓰인다.

I came across an old friend.

(나는 옛날 친구를 우연히 만났다.)

I came across this in a curio shop.

(나는 골동품상에서 이것을 발견하였다.)

I came across children sleeping under bridges.

(나는 우연히 다리 밑에서 잠을 자고 있는 아이들을 발견했다.)

I came across his sister yesterday.

She came across some old photographs in a drawer.

* 이 외에 come across는 ① '이해되다'(=come over), ② '(특정한 인상을) 주다'와 ③ '(필요한 것을) 제공하다[주다]'라는 뜻으로도 쓰인다.

①의 예

I came across a very difficult problem.

(나는 아주 어려운 문제를 이해했어.)

The conception of love has just come across Jake's mind.

(제이크는 막 사랑의 개념에 대해 이해하게 되었다.)

He spoke for a long time but his meaning didn't really come across.

②의 예

She come across well in interviews.

(그녀는 인터뷰 때 좋은 인상을 준다.)

She doesn't come across as a friendly person.

(그 여자는 인상이 상냥해 보이지 않아.)

As for Pingatore, I think he comes across pretty well.

③의 예

I hoped she'd come across with some more information.

(나는 그녀가 좀 더 많은 정보를 제공해 주었더라면 하고 바랐다.)

The Governor comes across with a considered logical approach to the crisis.

(그 주지사는 그 위기에 대해 사려 깊은 논리적 처리 방법을 제공한다.)

It seems very reasonable that you as a leading political commentator should come across with such evidence.

9 grow와 grow up의 차이

grow는 '(사람·동물이) 자라다[크다], (식물이[을] 자라다[재배하다], (머리·손톱·발톱이[를] 자라다[기르다]'라는 뜻과 이 외에 몇 가지 다른 뜻으로 쓰인다. grow up은 '(사람이) 성장[장성]하다'라는 뜻과 이 외에 몇 가지 다른 뜻으로 쓰인다. grow는 아이들, 동물이나 식물 등에 대해 자연의 과정으로 성장하거나 크거나 하는 경우나 식물이나 채소 등을 돌봄으로써 성장하거나 커지게 하는 경우에 쓰인다. grow up은 아이들에 대해 어린 시절부터 성인이 되는 데까지 거쳐 가는 경우에 쓰인다.

〈grow의 경우〉

You've grown since the last time I saw you!

(지난번 봤을 때보다 많이 컸구나!)

Nick's grown almost an inch in the last month.

(닉은 지난달에 (키가) 거의 일 인치가 자랐다.)

You need to eat a well-balanced diet to grow taller.

(키가 더 크기 위해서는 자네는 균형 잡힌 식사를 해야 할 필요가 있다.)

Mary's little boy grew four centimeters last year.

The older we grow, the weaker our memory becomes.

Tomatoes grow best in direct sunlight.

(토마토는 햇빛이 직접 내리쬐는 데서 가장 잘 자란다.)

The region is too dry for plants to grow.

(그 지역은 너무 건조해서 식물이 자랄 수가 없다.)

I didn't know they grew rice in France.

(나는 프랑스에서 쌀을 재배하는지를 몰랐다.)

A lot of our land is used to grow crops for export.

(우리 토지의 많은 부분이 수출용 곡식을 재배하는 데 사용된다.)

Orchids don't grow in cold climates.

In the back garden we grow onions, potatoes and carrots.

I've decided to let my hair grow.

(나는 머리가 자라는 대로 놔두기로 했다[머리를 기르기로 했다].)

I didn't recognized him — he's grown a beard.

(나는 그를 몰라봤다. 그가 (턱)수염을 기르고 있었어.)

He's decided to grow a beard.

◈ grow가 '(사람·동물이) 자라다[크다], (식물이[을] 자라다[재배하다], (머리·손톱·발톱이[를] 자라다[기르다]'라는 뜻과 이 외에 ① '(크기·수·강도·특질이) 커지다[늘어나다/증가하다]', ② '…해지다[하게 되다]'와 ③ '(차츰) …하기 시작하다'라는 뜻으로도 쓰인다.

①의 예

The family has grown in size recently.

(그 가족이 최근에 식구수가 늘었다.)

She is grow in confidence all the time.

(그녀는 줄곧 자신감이 커지고 있다.)

The company profits grew by 5% last year.

(작년에 회사의 수익이 오 퍼센트 증가했다.)

A growing number of people are going vegetarian.

(점점 더 많은 수의 사람들이 채식주의자가 되고 있다.)

The population is expected to grow by 20% over the next ten years.

②의 예

이 경우에는 grow old/bored/calm('나이를 먹다[늙어가다]/지루해지다/잠잠해지다') 등으로 많이 쓰인다.

I grow weary of this game.

(난 이 게임에 싫증이 난다.)

But in the end she grew calmer.

(하지만 마지막에 올수록 그녀는 침착해졌다.)

As time went on he grew more and more impatient.

(시간이 흐를수록 그는 더욱 더 조급해졌다.)

Their jealousies to each other made them grow apart.

(서로의 대한 질투심이 그들을 헤어지게 하였다.)

Healthy people who retire grow bored very quickly.

③의 예

The noise grew louder.

(소음이 더 커지기 시작했다.)

I'm sure you'll grow to like her in time.

(결국에는 틀림없이 네가 그녀를 좋아하게 될 거야.)

As boys grow up, their voice boxes grow bigger.

(소년들이 성장하면서, 그들의 목소리는 점점 더 커져요.)

Healthy people who retire grow bored very quickly.

(건강하던 사람이 퇴직하면 금방 권태감을 느끼게 된다.)

The sound of the music grew faint as the band marched away.

〈grow up의 경우〉

She grew up in Boston.

(그녀는 보스톤에서 성장했다.)

What do you want to be when you grow up?

(너는 커서 무엇이 되고 싶니?)

Their children have all grown up and left home now.

(그들의 자녀는 이제 모두 장성하여 집을 떠났다.)

Tom wants to be a scientist when he grows up.

Of course I know him — we grew up together in New York.

◈ grow up이 '(사람이) 성장[장성]하다'라는 뜻 이 외에 ① '철이 들다(남에게 어리석은 짓을 그만두라고 말할 때 씀)'와 ② '서서히 생겨나다'라는 뜻으로도 쓰인다.

①의 예

It's time you grew up.

(네가 철이 들 때도 되었어.)

Why don't you grow up?

(철 좀 못 들겠니?)

Maybe grow up a little and stop sulking.

(그만 철 좀 들어서 삐치지 마라.)

Pull yourself together and grow up, you loser.

(정신좀 차리고 철 좀 들어라, 이 쓸모없는 인간아.)

He needs to grow up a bit and get over himself.

②의 예

A closeness grew up between the two girls.

(서서히 두 소녀 사이에 친밀감이 생겨났다.)

A variety of heavy industries grew up alongside the port.

(여러 가지 중공업이 항구 옆에 서서히 생겨났다.)

A variety of heavy industries grew up alongside the port.

(다양한 중공업이 항구 옆에 서서히 생겨났다.)

A large shopping area has grown up around the city's train station.

(대규모 쇼핑 지역이 시 기차역 주변에 생겨났다.)

The custom grew up of dividing the father's land between the sons.

◈ bring up 또는 raise는 ① '(예의범절을 가르쳐 가며) …을[를] 기르다[양육하다]'라는 뜻인데, 아이들이 집을 떠날 정도로 나이가 들 때까지 행동하는 방식과 세상에 관한 생각하는 것들을 가르치면서 아이들을 돌보는 경우에 쓰인다. bring up은 '…을[를] 기르다[양육하다]' 이 외에 다른 뜻인 ② '(법정에) 소환하다', ③ '(화제를) 꺼내다', ④ '토하다, 게우다, (공기가 위로부터 입으로) 빠져나오다 ⑤ '(컴퓨터 화면에) 띄우다'의 뜻으로도 쓰인다.

①의 예

She brought up five children.

(그녀는 다섯 명의 아이를 키웠다.)

He was brought up by his aunt.

(그는 이모[고모/숙모] 손에 컸다.)

They were brought up to respect authority.

(그들은 권위를 존중하도록 배우며 컸다.)

He was brought up to believe that men and women are equal.

She was brought up to believe that money is the most important thing in life.

* raise가 '(아이·어린 동물을) 키우다[기르다]'라는 뜻으로 쓰이는 예는 다음과 같다.

They raised her (as) a Catholic.

(그들은 그녀를 가톨릭교도로 길렀다.)

I was born and raised a city boy.

(나는 도시 소년으로 나고 자랐다.)

They were both raised in the South.

(그들은 두 사람 다 남부에서 자랐다.)

My parents raised two sons.

②의 예:

He was brought up on a charge of drunken driving.

(그는 음주 운전 혐의로 소환당했다.)

This is the third time that Peter has been brought up before the court for drunken driving.

(피터가 음주 운전으로 법정에 소환된 것이 이번이 세 번째이다.)

You had to bring up the wife.

③의 예

Bring it up at the meeting.

(회의 때 그 말을 꺼내 보세요.)

Do not bring up that issue again from this day forth.

(오늘 이후로 다시는 그 문제를 꺼내지 마라.)

Did anybody bring up the pay raise issue during the meeting?

(회의 중에 누가 월급 인상 문제를 제기한 사람이 있었어요?)

Don't bring up that embarrassing topic.

He brought up the question of his raise with his boss.

④의 예

He brought up his dinner.

(그는 점심 먹은 것을 토했다.)

Try to bring the baby's wind up.

(아기에게 트림을 시켜 가스를 빼 주도록 하세요.)

If you drink too much, you'll bring up what you ate.

(술을 너무 많이 마시면 먹은 것을 토하게 될 거야.)

It's hard for the body to bring up wind.

⑤의 예

And yes, I did bring that up just I could wall cat.

(맞아요, 고양이를 가둬 두려고 이렇게 화면에 띄어봤어요.)

This right trigger brings up your magic spell menu.

(이 오른쪽 제동장치는 당신의 마력 메뉴를 떠오르게 한다.)

Click with the right mouse button to bring up a new menu.

(마우스의 오른쪽 버튼을 누르면 새 메뉴가 떠오른다.)

A gentle press of a thumbwheel brings up a simple menu including brightness and contrast.

10 loan과 borrow의 차이

loan은 동사로 '(특히 돈을) 빌려주다, 대출[융자]하다, (미술관 등에 귀중한 작품 등을) 대여하다'라는 뜻으로 쓰인다. loan은 그림이나 예술 작품 등을 미술관이나 박물관에 빌려주는 경우에 쓰인다. 그런데 borrow는 '빌리다, (돈을) 꾸다[빌리다], (어휘·사상 등을) 차용하다'라는 뜻으로 은행이나 사람이 빌려주기로 동의한 돈이나 어떤 것을 받는 경우에 쓰인다.

〈loan의 경우〉

A friend loaned me $1,000.

(한 친구가 내게 천 달러를 빌려 주었다.)

Could you loan me a few bucks?

(당신이 몇 불만 저에게 빌려 주실 수 있겠습니까?)

Are you going to loan some money?

(당신은 돈을 좀 빌릴 건가요?)

It looks like the bank will loan money to him.

(은행은 그에게 대출을 해 줄 것처럼 보인다.)

The bank is happy to loan money to small businesses.

I'll loan you any books you need.

(네가 필요한 책이면 얼마든지 내가 빌려 주겠다.)

Can you loan me your tennis racket?

(당신이 저에게 테니스 라켓을 빌려 주시겠어요?)

He loaned the museum his entire collection.

(그는 그 미술관에 자신의 소장품 전부를 대여해 주었다.)

This exhibit was kindly loaned by the artist's family.

(이 전시 작품은 화가의 가족께서 친절히 대여해 주셨습니다.)

He had kindly offered to loan us all the plants required for the exhibit.

◈ loan과 비슷한 뜻인 lend는 동사로 ① '빌려주다', ② '(은행·금융기관 등에서) (돈을) 빌려주다, 대출하다', ③ '(사람·상황에 어떤 특질을) 주다[부여하다]'와 ④ '(도움·지지 등을) 주다[제공하다]'라는 뜻으로 쓰인다.

①의 예

Will you lend me your car?

(너가 나에게 차 좀 빌려 줄래?)

I've lent the car to a friend.

(나는 차를 친구에게 빌려주었다.)

And never lend your key to anyone.

(그리고 아무한테도 열쇠를 빌려주지 마.)

Can you lend me your car this evening?

(오늘 저녁에 자네 차 좀 빌려 줄 수 있겠나?)

Can you lend me your bicycle?

②의 예

I say, can you lend me five pounds?

(저[있잖아], 너 오 파운드만 빌려줄 수 있니?)

The bank refused to lend the money to us.

(은행에서 우리에게 그 돈을 대출해 주기를 거부했다.)

She had rashly promised to lend him the money.

(그녀가 성급하게 그에게 그 돈을 빌려주겠다고 약속을 해 버렸었다.)

I'm short of money this week. Can you lend me some?

(이번 주에는 돈이 모자란다. 내게 좀 빌려 주겠니?)

Can you lend me $30 until tomorrow?

③의 예

Her presence lent the occasion a certain dignity.

(그녀의 참석으로 행사에 어떤 위엄이 느껴졌다.)

We should lend credibility to them? I don't think so.

(우리는 그들에게 신빙성을 부여해야 하는가요? 난 그렇게 생각하지 않아요.)

Banks of cloud lend a fantastic beauty to the scenery.

(층운(層雲)으로 경치가 꿈같이 아름답다.)

The setting sun lent an air of melancholy to the scene.

(지는 해가 그 장면에 쓸쓸한 느낌을 더해 주었다.)

The presence of the bishop lent the occasion a certain dignity.

④의 예

He came along to lend me moral support.

(그가 내게 정신적 지원을 해 주러 왔다.)

Let me have three cohorts to lend support.

(지원을 해 줄 세 명의 동료들을 내게 보내줘.)

Members will want to lend support in this respect.

(회원들은 이것에 관하여 도와주기를 원할 것이다.)

I was more than happy to lend my support to such a good cause.

(그렇게 훌륭한 대의에 제 힘을 보탤 수 있어서 더없이 기뻤습니다.)

He was approached by the organizers to lend support to a benefit concert.

* lend an ear (to sb/sth)은 '(인내와 연민을 갖고) (~에) 귀를 기울이다[(…을[를] 잘들어 주다)]'(=listen)라는 뜻이다.

He was always willing to lend an ear.

(그는 항상 기꺼이 잘 들어 준다.)

She lends an ear to her friends' troubles.

(그녀는 친구들의 문제에 귀를 기울인다.)

Lend an ear to John. Hear what he has to say.

(존이 하는 말을 들으시오. 그가 할 말이 있으니까 들으시오.)

I'd be delighted to lend an ear. I find great wisdom in everything John has to say.

(나는 기꺼이 귀를 기울이겠습니다. 존이 하겠다는 말에는 모두 멋진 지혜가 있다고 생각합니다.)

They are always willing to lend an ear and offer what advice they can.

* lend (sb) a (helping) hand (with sth)은 '(~으로)(~에게) 도움을 주다'(=help)라는 뜻이다.

We must lend a truly helping hand.

(우리는 진심으로 도움을 주어야 해.)

I went over to see if I could lend a hand.

(나는 내가 도울 게 있는지 보러 갔다.)

We're here to lend a hand when needed.

(우리는 당신이 필요할 때 이야기를 들어주고 도와주려고 여기에 있습니다.)

The neighbors are always willing to lend a hand.

(이웃사람들은 항상 기꺼이 도움을 주려고 한다.)

When they moved to another apartment, their friends came to lend a hand.

The rest of the boats crew came on board to lend a hand to what might be required.

* lend a hand와 같은 뜻으로 쓰이는 표현으로 give a hand('도움을 주다')가 있다.

Can you give me a hand?
(저 좀 도와주시겠어요?)
Come and give me a hand in the garden.
(정원으로 와서 나 좀 도와줘.)
Let me give you a hand with those bags.
(그 가방들 내가 좀 들어줄 게.)
Would you give me a hand loading a truck?
(트럭에 짐 싣는 것 당신이 저를 좀 도와주시겠어요?)
I'm sure they'd give us a hand.

* lend one's name to sth은 '~에 대한 지지[동의]를 표명하다, (어떤 지역에) 이름을 빌려주다(자기 이름을 딴 이름을 짓게 하다)'라는 뜻이다.

I'm surprised he lent his name to a cheap publicity stunt.
(그가 값싸고 단순한 홍보에 자기 이름을 빌려준 것에 나는 깜짝 놀랐다.)
I am more than happy to lend my name to this campaign.
(저는 너무나 기쁘게 이 운동에 지지를 표하는 바입니다.)
She now lends her name to one of the hotel's restaurants.
(이제부터 그녀는 호텔 식당들 가운데 한 곳에 자기 이름을 딴 이름을 짓게 한다.)
Famous actors sometimes lend their names to political causes.

(유명한 배우들은 가끔 정치적 대의명분에 지지를 표명한다.)

He had political points of view and lent his name to a lot of causes.

◈ loan이 명사로서 '대출[융자]금'이란 뜻으로 보통 은행으로부터 빌리는 액수의 돈을 의미한다. loan이 명사로서 '빌려줌, 대여'라는 뜻도 있다.

The interest payments on the loan are high.

(대출금에 대한 이자는 지불액이 많다.)

It took three years to repay my student loan.

(내가 학자금 융자를 다 갚는 데 삼 년이 걸렸다.)

We were unable to meet the repayments on the loan.

(우리는 그 융자금 분할 상환금을 맞출 수가 없었다.)

I applied at the bank for a mortgage loan at 7% interest.

Don't worry about the car loan.

(차량 대여에 관해서는 걱정하지 마세요.)

I even gave her the loan of my car.

(나는 심지어 그녀에게 내 차를 빌려주기도 했다.)

The book you wanted is out on loan.

(당신이 원하던 책이 대출 중이에요.)

I am in need of a loan of a bike for a few weeks.

〈borrow의 경우〉

Can I borrow your umbrella?

(우산 좀 빌릴 수 있을까?)

I don't have a pen. Could I borrow yours?

(저는 펜이 없는데, 좀 빌려 주시겠어요?)

In a weak moment I said she could borrow the car.

(내가 순간적으로 마음이 약해져서 그녀에게 그 차를 빌려도 된다고 말해 버렸다.)

Members can borrow up to ten books from the library at any one time.

(회원들은 도서관에서 어느 때든 한 번에 열권까지 책을 빌릴 수 있다.)

You can borrow my keys—I have a spare set.

I neither lend nor borrow money.

(전 돈에 대해선 빌리지도 않고 빌려주지도 않아요.)

I don't like to borrow from friends.

(나는 친구들에게서 돈을 꾸는 걸 좋아하지 않는다.)

She borrowed $5,000 from her parents.

(그녀는 부모님에게서 오천 달러를 꾸었다.)

He makes it a rule never to borrow money.

(그는 절대 돈을 빌리지 않는 것을 원칙으로 삼고 있다.)

By the end of the war the Canadian government had borrowed over $5 million from its citizens.

◈ borrow가 위의 뜻 '빌리다, (돈을) 꾸다[빌리다]'라는 뜻 이 외에 '(어휘·사상 등을) 차용하다'라는 뜻으로도 쓰인다.

Where did you borrow that idea from?

(넌 그 발상은 어디서 따온 거니?)

Some musical terms are borrowed from Italian.

(일부 음악 용어들은 이탈리아어에서 차용된 것이다.)

The author borrows heavily from Henry James.

(그 저자는 헨리 제임스에게서 많은 것을 차용하고 있다.)

English can change by borrowing words from other languages.

(영어는 다른 언어에서 외국어 단어를 차용해 씀으로써 바뀔 수 있다.)

Their engineers are happier borrowing other people's ideas than developing their own.

* be (living) on borrowed time은 '덤으로 주어진 시간을 살다(사망할 것으로 예상된 시기가 지났는데도 살아 있음을 나타냄)'과 '〈다른 사람들이 금방 제지할 만한 일을 하다〉'라는 경우에 쓰인다.

The government is on borrowed time.

(정부는 예상보다 오래 집권하고 있다[정부는 오랫동안 집권을 못할 것 같다].)

Mr. Faulker is on borrowed time in Rome.

(포크너씨는 로마에서 덤으로 주어진 시간을 살고 있다.)

It's a relief that my grandfather is on borrowed time.

(우리 할아버지께서 의외로 오래 사셔서 안심이다.)

An economy built on borrowed money is on borrowed time.

Brown is living on borrowed time now.

(브라운은 예상보다 오래 살고 있다.)

The doctors say he's living on borrowed time.

(그가 덤으로 주어진 시간을 살고 있다고 의사들은 말한다.)

With climate change we are living on borrowed time.

(기온 변화와 더불어, 우리는 덤으로 사는 삶을 살고 있다.)

Several years ago the doctor told her she would die from cancer in a few months; two years later, she is still alive and is living on borrowed time.

11 suffer와 suffer from의 차이

suffer('시달리다, 고통받다')는 자동사와 타동사로 쓰이고, suffer from('~에 시달리다, ~에 고통받다')은 자동사로 둘 다 우리말로 뜻의 차이가 없는 것으로 보인다. suffer는 부상, 고통, 상실, 패배, 결핍, 부패와 불쾌한 것 등으로 시달리거나 고통받는 경우에 쓰이는데 직접적인 것에 의한 영향을 받는 의미가 강하다. suffer from은 '~에 시달리다, ~에 고통받다'라는 뜻인데 질병, 가난, 기아와 전쟁 등으로 간접적인 것에 의해 시달리거나 고통받는 경우에 쓰인다. 그리고 suffer는 '시달리다, 고통받다'라는 뜻과 이 외에 몇 가지 다른 뜻으로 쓰인다.

〈suffer의 경우〉

I do not want to suffer.

(나는 고통 받고 싶지 않다.)

I hate to see animals suffering.

(나는 동물들이 고통받는 것을 보기 싫다.)

Didn't I say that I'll make her suffer?

(내가 그녀를 고통받게 할 것이라고 말하지 않았나?)

Male pride forced him to suffer in silence.

(그는 남자로서의 자만심 때문에 말없이 고통을 겪어야 했다.)

Violations still occur and people still suffer.

(폭력은 여전히 발생하고 사람들은 여전히 고통받는다.)

All the members of the household will suffer.

(가족 구성원 모두가 고통받을 것이다.)

It was not my intention that she should suffer.

(그녀를 고통받게 하는 것이 내 의도는 아니었다.)

He made a rash decision and now he is suffering for it.

(그는 성급한 결정을 내렸고 이제 그것 때문에 고통받고 있다.)

The film is always on the side of the people who suffer.

(그 영화는 항상 고통받는 사람들 편이다.)

I can't believe people enjoyed watching the animals suffer.

(동물들이 고통스러워하는 것을 사람들이 보고 즐긴다는 게 나는 믿겨지지 않아.)

There are few who have not suffered.

He died very quickly; he didn't suffer much.

Can you assure me that my father is not suffering?

If the factory closes, the other local businesses are bound to suffer too.

They will suffer a large financial loss.

(큰 재정적 손실을 겪게 될 것이다.)

He was strong to suffer the hardships.

(그는 그 고난을 견뎌낼 만큼 강했다.)

I would rather die than suffer disgrace.

(내가 치욕을 당하느니 오히려 죽는 게 낫다.)

The old suffer unemployment and poor health.

(노인들은 실직과 좋지 않은 건강으로 고통 받는다.)

We all suffer amnesia at one point or another.

(우리 모두는 때때로 기억상실로부터 고통받는다.)

You wouldn't be the first to suffer this ignominy.

(넌 이 수치를 겪는 첫 번째 사람이 아닐 것이다.)

Most women suffer bleeding and abdominal pains.

(대부분의 여성들이 출혈과 복통으로 고통받는다.)

The pensioner began to suffer back pain in her 70s.

(그 연금 수령자는 칠십 대에 요통을 겪기 시작했다.)

She was very lucky not to suffer serious leg fractures.

(그녀는 심각한 다리 골절상을 겪지 않았다니 아주 운이 좋다.)

They also suffer punishments if work is done badly or late.

(그들은 또한 숙제를 잘못하거나 숙제가 늦어서 벌을 받기도 한다.)

She suffered multiple injuries in the car accident.

She can walk again, but she still suffers a lot of pain.

Within a few days, she had become seriously ill, suffering great pain and discomfort.

◈ suffer가 '(질병·고통·슬픔·결핍 등에) 시달리다, 고통받다'라는 뜻과 이 외에 ① '(부상·패배·상실 등을) 겪다, 당하다', ② '더 나빠지다, 악화되다'와 ③ '참다'라는 뜻으로 쓰인다.

①의 예

He suffered a massive heart attack.

(그는 심장마비를 겪었다.)

Hundreds of cities regularly suffer water shortages.

(수백 개의 도시들은 규칙적으로 물부족 현상을 겪는다.)

The company suffered huge losses in the last financial year.

(그 기업은 지난 회계 연도에 막대한 손실을 입었다.)

The party suffered a humiliating defeat in the general election.

(그 당은 총선에서 치욕적인 패배를 당했다.)

She was very generous to him but she suffered for it when he ran away with all her money.

②의 예

He started drinking a lot and his work suffered.

(그가 술을 많이 마시기 시작했다. 그래서 그가 하는 일이 더 나빠졌다.)

I'm not surprised that your studies are suffering.

(너의 학업이 더 나빠지는 것에 나는 놀라지 않는다.)

His school work is suffering because of family problems.

(그의 학업 성적은 가정에서의 문제 때문에 더 나빠지고 있다.)

His financial situation suffers through his unwise investments.

(어리석은 투자로 인하여 그의 경제 상태가 악화일로에 있다.)

Without a major boost in tourism, the economy will suffer even further.

③의 예

I cannot suffer his insolence.

(그의 오만은 견딜 수 없다.)

I cannot suffer such treatment.

(나는 이러한 취급을 참을 수 없다.)

He was willing to suffer her constant complaints.

(그는 그녀의 거듭되는 불평을 기꺼이 참아냈다.)

How long will you suffer the whims of old women?

(당신은 나이든 여자들의 변덕을 얼마 동안 참을 거예요?)

Although he didn't suffer fools gladly, there was a very kind side to him.

* 그런데 사람이나 상황이 불쾌함에도 불구하고 사람이나 어떤 것을 기꺼이 받아들이는 경우에는 suffer나 support('지지[옹호/재청]하다, 지원하다')가 쓰이지 않고, tolerate('용인하다, (불쾌한 일 등을) 참다, (약물·힘든 환경 등을) 견디다'), put up with('짜증스럽거나 불쾌한 것을 불평

없이) 참다[받아들이다]')나 특히 부정문이나 의문문에서 쓰여 싫어함을 강조하는 stand sb/sth('참다, 견디다')이 쓰인다.

(tolerate의 예)

She refused to tolerate being called a liar.

(그녀는 거짓말쟁이라고 불리는 것을 용인하지 않으려고 한다.)

Their relationship was tolerated but not encouraged.

(그들의 관계는 용인은 되었지만 격려를 받지는 못했다.)

I don't know how you tolerate that noise!

(난 당신이 저 소음을 어떻게 참는지 모르겠어요!)

There's a limit to what one person can tolerate.

(한 사람이 참을 수 있는 것에는 한계가 있다.)

She tolerated the chemotheraphy well.

(그녀는 화학요법을 잘 견뎠다.)

Few plants will tolerate sudden changes in temperature.

(갑작스러운 기온 변화를 견딜 수 있는 식물은 거의 없다.)

This sort of behavior will not be tolerated.

We have to tolerate each other's little foibles.

How do you tolerate working in this environment?

(put up with의 예)

I don't know how she puts up with him.

(그녀는 어떻게 그를 참는지 모르겠다.)

How do you put up with that noise all day long?

(넌 저 시끄러운 소리를 하루 종일 어떻게 참니?)

My girlfriend Geraldine is a saint to put up with me.

(나 같은 사람을 참아 내는 것을 보면 내 여자 친구 제랄딘은 성자 같은 사람이다.)

I'm not going to put up with their smoking any longer.

(나는 그들이 담배 피우는 것을 더 이상 용납하지 않겠어.)

Why should we put up with such terrible working conditions?

(stand의 예)

I can't stand the sight of blood.

(나는 피를 보는 것은 견딜 수가 없다.)

I can't stand it when you do that.

(난 네가 그럴 때는 참을 수가 없어[정말 싫어].)

She couldn't stand being kept waiting.

(그녀는 기다려야 하는 것을 견딜 수가 없었다.)

How do you stand him being here all the time?

(그가 여기 내내 있는 걸 어떻게 견디니?)

I can't stand people interrupting all the time.

(support의 예)

If you raise it at the meeting, I'll support you.

(당신이 회의에서 그것을 발의하면 제가 재청을 하겠어요.)

The company will support customers in Europe.

(그 회사는 유럽 내에 있는 고객들을 지원할 것이다.)

These measures are strongly supported by environmental groups.

(이들 조치는 환경 단체들의 강력한 지지를 받고 있다.)

The government supported unions in their demand for a minimum wage.

(정부는 노조의 최저 임금 요구를 지지했다.)

I will support them in their demands.

〈suffer from의 경우〉

He suffers from asthma.

(그는 천식에 시달리고 있다.)

Do you suffer from any allergies?

(자네는 알레르기 때문에 고생하고 있는가?)

Do you not suffer from melancholy?

(당신은 우울증을 겪고 있지 않나요?)

But many people suffer from jet lag.

(그러나 많은 사람들이 시차 문제를 겪는다.)

A lot of students suffer from exam nerves.

(많은 학생들이 시험 불안증에 시달린다.)

They will suffer from hunger and air pollution.

(그들은 굶주림과 공기 오염으로 고통 받을 것이다.)

She was taken to hospital suffering from shock.

(그녀는 쇼크를 일으켜 병원으로 실려 갔다.)

Three out of ten suffer from colds in the winter.

(겨울에는 십 명 가운데 세 명이 감기로부터 고통을 겪고 있다.)

Many immigrants suffer from a sense of alienation.

(많은 이민자들이 소외감을 겪는다.)

I heard that some places will suffer from the drought.

(어떤 지역은 가뭄에 시달릴 거라고 나는 들었어요.)

Many people suffer from problems related to Internet use.

(많은 사람들이 인터넷 사용에 관련된 문제로 고통 받는다.)

Many companies are suffering from a shortage of skilled staff.

(많은 기업들이 숙련 직원 부족에 시달리고 있다.)

Syria will suffer most from this change of heart.

A lot of the children we saw were suffering from malnutrition.

He was eventually diagnosed as suffering from terminal cancer.

12 wear와 put on의 차이

wear는 '(옷·모자·장갑·신발·시계·안경·장신구 등을) 입고[쓰고/끼고/신고/매고/착용하고 등] 있다'라는 뜻으로 쓰인다. wear는 이 뜻 외에 다른 뜻으로도 쓰인다. wear는 신체에 입고[쓰고/끼고/신고/착용하고] 있는 상태를 나타낸다. put on은 '~을[를] 입다[쓰다/끼다/걸치다]'라는 뜻으로 쓰인다. put on은 신체의 어떤 위치에 입거나[쓰거나/끼거나/걸치거나 하는 행위를 나타낸다.

〈wear의 경우〉

She always wears black.

(그녀는 항상 검은 색(옷)을 입는다.)

Do I have to wear a tie?

(제가 넥타이를 매야 합니까?)

She was wearing a new coat.

(그녀는 새 외투를 입고 있었다.)

Was she wearing a seat belt?

(그녀가 안전벨트를 착용하고 있었나요?)

All delegates must wear a badge.

(모든 대표들은 반드시 배지를 착용해야 한다.)

She wears expensive jewelry and accessories.

(그녀는 값비싼 장신구들을 걸치고 다닌다.)

He always wears smart clothes.

Did you notice the jacket she was wearing at Alan's party?

◈ wear가 '입고[쓰고/끼고/신고/매고/착용하고 등] 있다'라는 뜻 이 외에 ① '(머리를 특정한 모양으로) 하고 있다, (수염을) 기르고 있다', ② '(어떤 표

정을) 짓고[띠고/하고] 있다', ③ '닳다, 낡다, 헤어지다', ④ '〈계속 쓰거나 문지르거나 하여 구멍·길 등이 생기게 하다〉', ⑤ well과 함께 '잘 안 닳다[떨어지다], 오래가다'라는 뜻으로도 쓰인다.

①의 예

She wears her hair long.

(그녀는 머리를 길게 하고[기르고] 있다.)

I do remember the man wore a beard.

(난 그 남자가 턱수염을 길렀던 걸 기억하고 있어.)

Afghan men must wear a beard and cover their heads.

(아프가니스탄의 남자들은 턱수염을 기르거나 머리를 가려야 한다.)

She wore her hair in a long braid.

You'll have to wear a beard for that one.

②의 예

She wore an angry frown.

(그녀는 화난 얼굴을 짓고 있었다.)

His face wore a puzzled look.

(그의 얼굴은 어리둥절한 표정을 짓고 있었다.)

He wore a puzzled look on his face.

(그는 얼굴에 어리둥절한 표정을 짓고 있었다.)

Milson's face wore a satisfied expression.

When we drove through the gate, she wore a look of amazement.

③의 예

The sheets have worn thin.

([침대]시트가 낡아서 얇아졌다.)

The carpets are starting to wear.

(카펫이 헤어지기 시작하고 있다.)

The stones have been worn smooth by the constant flow of water.

(돌멩이들이 끊임없는 물살에 씻겨 반들반들 닳았다.)

The heels on his shoes had worn down.

The stone steps. dating back to 1855, are beginning to wear.

④의 예

I've worn holes in all my socks.

(내 양말들은 모두 많이 신어서 구멍이 났다.)

Walking wore a hole in my shoe.

(걸어서 나의 한쪽 신발이 닳아 구멍이 났다.)

Feet had worn a path in the rock.

(인적 때문에 바위에 길이 새겨졌다.)

Some things just wear a path into the mind.

The villagers had worn a path through the fields.

⑤의 예

That carpet is wearing well, isn't it?

(저 카펫은 안 잘 닳고 오래가지요, 안 그런가요?)

I am afraid this stuff won't wear well.

(이 물건은 오래 못 가겠는데요.)

You're wearing well—only a few grey hairs!

(자네는 나이를 잘 안 먹는구먼. 흰머리만 몇 가닥 난 게!)

Casual shoes need to wear well.

Ten years on, the original concept was wearing well.

〈put on의 경우〉

Hurry up! Put your coat on!

(서둘러! 외투 입어!)

He put on his glasses to read the letter.

(그는 편지를 읽기 위해 안경을 썼다.)

He put on a pair of boxer shorts and an undershirt.

(그는 속옷 반바지와 속옷 윗도리를 입었다.)

Hold on! I just took a shower and I'm naked—let me put something on!

(잠깐만! 나 방금 샤워하고 나와서 아무것도 안 입고 있어. 뭐 좀 걸칠게!)

Wait a minute! I haven't put my coat on yet.

She put on a woolly scarf before she went out.

Put your gloves on or your hands will get cold.

◈ put on이 구동사(phrasal verb로서 '~을[를] 입다[쓰다/끼다/매다/걸치다]'라는 뜻 이외에 ① '(얼굴·피부 등에) ~을[를] 바르다', ② '(시디·테이프 등을) 틀다', ③ '(무게 등이) 더 무거워지다, (살이) 찌다', ④ '~을[를] 특별 공급하다', ⑤ '(연극·쇼 등을) 무대에 올리다[공연하다]', ⑥ '가장하다'와 ⑦ '(기구 등을) 가동[작동]시키다'라는 뜻으로도 쓰인다.

①의 예

She's just putting on her make-up.

(그녀는 막 화장을 하고 있다.)

Some girls also put on some eye make-up.

(어떤 여자아이들은 눈 화장을 하기도 해.)

I put on some aftershave lotion she bought for me.

(나는 그녀가 사준 애프터 쉐이브 로션을 좀 발랐다.)

I haven't even put any lipstick on.

Before you go out, don't forget to put on sunscreen.

②의 예

Put on some music and dance.

(음악을 좀 틀고 춤을 추자.)

He put some jazz on the stereo.

(그는 전축에 재즈곡을 틀었다.)

Do you mind if I put some music on?

(내가 음악 좀 틀어도 되겠니?)

Let's go into the study and put on some music.

She poured them drinks, and put a record on loud.

③의 예

She looks like she's put on weight.

(그녀는 살이 좀 찐 것 같다.)

He must have put on several kilos.

(그는 틀림없이 살이 몇 킬로는 쪘을 것이다.)

I'm forever on a diet, since I put on weight easily.

(나는 체중이 쉽게 불기 때문에 항상 다이어트를 한다.)

I put on six pounds while I was on holiday.

I can eat what I want but I never put on weight.

④의 예

Put on extra buses.

(추가 버스를 늘려주세요.)

The city is putting on extra buses during the summer.

(여름 동안에는 시에서 버스를 추가로 늘린다.)

We should put on more cars to accommodate the traffic.

(우리는 교통을 완화하기 위해 운행 차량 수를 늘려야 한다.)

They put on extra trains during the holiday period.

So many people wanted to go to the match that another train to be put on.

⑤의 예

The local drama club is putting on *Macbeth*.

(지역 극단에서 『맥베스』를 무대에 올린다.)

The team put on a good show in the competition.

(그 팀은 그 대회에서 좋은 경기를 보여 주었다.)

The theater company is planning to put on *Death of a Salesman*.

(그 극단은 『어느 세일즈맨의 죽음』을 공연할 예정이다.)

Our theater company decided to put on *Hamlet*.

The band are hoping to put on a UK show before the end of the year.

⑥의 예

He put on an American accent.

(그는 미국식 말투를 가장해서 썼다.)

I put on an assumption of knowing her secret.

(나는 그녀의 비밀을 아는 체 했다.)

I don't think she was hurt. She was just putting it on.

(그녀가 마음이 상한 것은 아닐 거야. 그냥 그런 척한 거지.)

The southern accent was put on for effect.

She's not really ill; she puts it on to get people's sympathy.

⑦의 예

Let me put on the light.

(내가 불을 켤 게.)

I'll put the kettle on for tea.

(차 마시게 내가 물을 올려놓을 게.)

She put on the brake suddenly.

(그녀가 갑자기 브레이크를 밟았다.)

I put on the light by the bed.

Have you put the heating on?

* put on의 반대는 take off('(옷 등을) 벗다[벗기다]')이다.

You have forgotten to take off your hat.

(자네는 모자 벗는 것을 잊고 있네.)

Take off your jacket and make yourself at home.

(양복 상의를 벗으시고 편하게 하세요.)

He tool off my wet boots and made me sit by the fire.

(그가 내 젖은 부츠를 벗기고 나를 난로가에 앉혔다.)

I can't wait to take off these new shoes.

Why don't you take your coat off and come and sit down?

* 그리고 put sb on은 '(전화를) ~에게 바꿔주다'라는 뜻으로, put sth on sth은 '(돈·세금을) 덧붙이다[부과하다], (경마 등에서 돈을) 걸다'라는

뜻으로 쓰인다.

(put sb on의 예)

Callers can be put on hold.

(전화를 건 사람들은 전화를 끊지 않고 기다릴 수 있다.)

Hi, Dad—can you put Nicky on?

(아빠 저예요. 아빠가 니키 좀 바꿔 주실래요?)

Could you please put him on the phone?

(당신이 그를 좀 다시 바꿔주시겠어요?)

Please put me on hold! I'm in a hurry!

I am going to have to put this call on hold.

(put sth on sth의 예)

I put $15 on him to win.

(나는 그가 우승한다는 데 십오 달러를 걸었다.)

I've never put money on a horse.

(나는 경마에 돈을 걸어 본 적이 없다.)

The restaurant puts on additional charge on the bill, to cover increased costs.

(그 식당은 늘어난 비용을 해결하기 위해 계산서에 추가 요금을 부과한다.)

The government has put ten pence on the price of twenty cigarettes.

(정부가 담배 스무 개피 값에 (세금) 십 펜스를 부과해 놓았다.)

I'll put a bet on for you.

He'll be back in an hour. I'd put money on it.

◈ get dressed는 '옷을 입다'라는 뜻으로 행위와 관련되어 옷이나 서로 다른 세트의 옷을 입을 때 쓰인다.

Get up and get dressed!

(일어나서 옷 입어.)

You should get dressed before the party.

(넌 파티 전에 옷을 입어야 한다.)

I'll wait outside while you get dressed.

(당신이 옷을 입는 동안 저는 밖에서 기다릴게요.)

I had a shower, got dressed and went downstairs.

I was still getting dressed for the party when the taxi arrived.

◈ dress oneself는 행위와 관련된 동사로 '옷을 입다, 만찬을 위하여 정장(正裝)하다, 야회복을 입다'라는 뜻으로 흔한 것은 아니다. dress oneself는 옷을 입는데 요구되는 특별한 기술이나 능력에 관해 생각할 때 주로 쓰인다.

At the age of seven, one ought to dress oneself.

(일곱 살이 되면 자기 스스로 옷을 입어야 한다.)

He dressed himself carefully in his Sunday best.

(그는 나들이옷으로 정성스럽게 치장했다.)

He dressed himself in his shirt first of all, and then he put on his pants.

(그는 상의를 먼저 입고 그 다음에 바지를 입는다.)

Sally isn't old enough to dress herself yet.

He hasn't been able to dress himself since the accident.

◈ dress는 옷과 관련된 동작 동사로 ① '옷을 입다[입히다]', ② '(특정한 유형의) 옷을 입다[옷차림을 하다]', ③ '정장을 입다'와 ④ '옷을 제공하다'라는 뜻으로 자동사와 타동사로 쓰인다.

①의 예

I dressed quickly.

(나는 빨리 옷을 입었다.)

She dressed the children in their best clothes.

(그녀는 아이들에게 가장 좋은 옷을 입혔다.)

I can't go to the door—I'm not dressed yet.

(나는 문에 나가 볼 수가 없어. 아직 옷을 안 입었어.)

Can you dress the kids while I make breakfast?

You could tell she was foreign by the way she dressed.

②의 예

She always dressed entirely in black.

(그녀는 항상 완전 검은색으로 옷을 입었다.)

You look like you're dressed for a date.

(넌 데이트를 위해서 치장한 것처럼 보인다.)

You should dress for cold weather today.

(오늘은 추운 날씨에 맞춘 옷차림을 해야 할 겁니다.)

How do most of the people dress at your office?

He once taught a course in how to dress for success.

③의 예

They were dressed to the nines.

(그들은 최상의 정장을 차려입었다.)

Do I have to be formally dressed?

(제가 정장을 입어야 하나요?)

Do they expect us to dress for dinner?

(그 만찬에 우리가 정장을 입어야 할까요?)

The entire family dressed for dinner.

You are expected to dress for dinner in this hotel.

④의 예

He dresses many of Hollywood's most famous young stars.

(그는 많은 젊은 유명 할리우드 스타들에게 옷을 제공해준다.)

She dresses well on very little money.

The nurses have to wash and dress the patients before the doctor sees them.

◈ dress up이나 dress sb up은 행위와 관련된 구동사로 ① '변장을 하다[시키다]'와 ② '(보통 때보다 더) 옷을 갖춰[격식을 차려] 입다'라는 뜻이다.

①의 예

Kids love dressing up.

(아이들은 변장을 하기를 아주 좋아한다.)

The boys were all dressed up as pirates.

(남자애들은 모두 해적으로 변장을 하고 있었다.)

He went to the party dressed up as a Chicago gangster.

(그는 시카고 갱으로 꾸미고 파티에 나갔다.)

Jane dressed up as a witch for Halloween.

When the children were young, George used to dress up as Father Christmas.

②의 예

I'm already dressed up for the party

(나는 이미 파티에 가려고 멋지게 차려입었어.)

We always used to dress up to go to church.

(우리는 교회에 가기 위해 항상 옷을 차려 입었다.)

This young man has dressed up for a flower festival.

(이 젊은이는 꽃 축제를 위해서 옷을 차려 입었다.)

Don't bother to dress up for the party.

We won't be going to an expensive restaurants so there's no need to dress up.

* 이 외에 dress sth up은 '(보기 좋게 또는 달라 보이게) ~을 꾸미다'라는 뜻으로 쓰인다.

He dressed <u>the facts</u> up to make them more interesting.

(그는 사실들을 더 흥미롭게 만들기 위해 그것들을 꾸몄다.)

However you dress it up, a bank only exists to lend money.

(자네 은행을 아무리 좋게 꾸며 말을 해 봐도 은행은 단지 돈을 빌려주기 위해 있는 거야.)

However much you try to dress it up, office work is not glamorous.

(사무직은 아무리 좋게 꾸며 말을 해 봐도 아주 매력적인 일은 아니다.)

Buy simple cards and dress them up at home with glue and glitter.

Politicians are happier to dress up their ruthless ambition as a necessary pursuit of the public good.

◈ have on은 옷과 관련된 상태 구동사로 '…을[를] ~입고[쓰고/끼고/신고/매고/착용하고 등] 있다'라는 wear와 같은 뜻이다.

He had nothing on.

(그는 몸에 아무것도 걸치고 있지 않다.)

What did she have on?

(그녀가 무엇[어떤 옷]을 입고 있었니?)

She had a red jacket on.

(그녀는 빨간 재킷을 입고 있었다.)

I didn't have my glasses on.

(나는 안경을 쓰고 있지 않았다.)

He has on a sky jacket and ski boots.

You won't get cold as long as you have a coat on.

◈ be dressed in/be in은 '옷을 입고 있다'는 상태를 나타내는 wear와 같은 뜻이다.

I was dressed in black.

(나는 검은색 옷을 입었다.)

They are dressed in the most fantastic costumes.

(그들은 가장 환상적인 옷을 입고 있다.)

I was dressed in a smart navy blue suit.

(나는 맵시 있는 짙은 감색 정장을 입고 있었다.)

She was dressed in green from top to toe.

I was dressed.

(나는 옷을 입었다.)

I was dressed an hour ago.

(나는 한 시간 전에 옷을 입었다.)

She arrived at the theatre dressed in a long white gown.

◈ be+부사+dressed는 '(특정한 양식으로) 옷을 입다[옷차림을 하다]'란 뜻인데, 상태를 나타내는 동사로 누군가의 외모에 관해 이야기 할 때 쓰이는데, be+badly/casually/comfortably/nearly/plainly/smartly/well 등+dressed로 말할

수 있다.

He was very tall and plainly dressed.

(그는 무척 키가 컸고 옷을 소박하게 입고 있었다.)

He was casually dressed in jeans and a T-shirt.

(그는 간편하게 청바지에 티셔츠를 입고 있었다.)

She was always very conservatively dressed when we went out.

(그녀는 우리가 같이 외출을 할 때 항상 옷을 아주 섬삲게 입었다.)

Make sure you're smartly dressed for the interview.

He's always very well dressed—smart jackets, silk ties and so on.

익힘문제 1

* 다음 글에서 틀린 부분이 있으면 고쳐 쓰세요.

1. I don't agree hitting children.

2. Dorothy wear her coat and went out.

3. Would you take my suitcase for me?

4. I'd like to find why nobody likes me.

5. Most of the carriers suffer hemophilia.

6. We ensure you that we will do our best.

7. Then I wore some clothes and went downstairs.

8. I don't have anything to put on to my interview.

9. I can assure that your name will not be mentioned.

10. I don't understand why he doesn't agree the divorce.

11. The doctors are trying to find what is wrong with him.

12. It's a pity that you were absent from the training session.

13. Those who disagreed to join the army were put in prison.

14. Many of these children grow in an atmosphere of violence.

15. An ambulance arrived and the man was carried to hospital.

16. Some parents need to be taught how to grow their children.

17. I don't agree the people who say women should stay at home.

18. He said he would carry me home and told me to get in the car.

19. The woman was so unpleasant that none of us could suffer her.

20. He seemed unaware of the great chance that he had been absent.

21. As a conservation, I strongly disagree with the removal of these trees.

22. The military government loaned millions of dollars from the world bank.

23. I thought that the long illness would effect my chances of passing the exam.

24. Many women stop smoking during pregnancy because of the effects to the baby.

25. The teachers will be able to visit our schools and compare our teaching methods to their own.

ANSWERS

1. I don't agree with hitting children. 2. Dorothy put on her coat and went out. 3. Would you carry my suitcase for me? 4. I'd like to find out why nobody likes me. 5. Most of the carriers suffer from hemophilia. 6. We assure you that we will do our best. 7. Then I put on some clothes and went downstairs. 8. I don't have anything to wear to my interview. 9. I can assure you that your name will not be mentioned. 10. I don' t understand why he doesn't agree to the divorce. 11. The doctors are trying to find out what is wrong with him. 12. It's a pity that you missed the training session.(또는 It's a pity that you weren't at the training session.) 13. Those who refused to join the army were put in prison. 14. Many of these children grow up in an atmosphere of violence. 15. An ambulance arrived and the man was taken to hospital. 16. Some parents need to be taught how to bring up their children. 17. I don't agree with the people who say women should stay at home. 18. He said he would take me home and told me to get in the car. 19. The woman was so unpleasant that none of us could tolerate her. 20. He seemed unaware of the great chance that he had missed. 21. As a conservation, I strongly object to the removal of these trees. 22. The military government borrowed millions of dollars from the world bank. 23. I thought that the long illness would affect my chances of passing the exam. 24. Many women stop smoking during pregnancy because of the effects on the baby. 25. The teachers will be able to visit our schools and compare our teaching methods with their own.

익힘문제 2

* 다음 글에서 틀린 부분이 있으면 고쳐 쓰세요.

1. Hurry up and wear your shoes.
2. I am disagree with the statement.
3. He was putting on jeans and a T-shirt.
4. Some people disagree to the death penalty.
5. How many of them miss without permission?
6. The band has been compared with the Beatles.
7. The country's GNP is growing up very quickly.
8. Her pictures have been lent to the Ikon Gallery.
9. The region continues to suffer serious pollution.
10. I assure that the meeting will not last very long.
11. I disagree that heart transplants should be stopped.

12. Parental affection misses from these children's lives.

13. With a garden you can grow up your own vegetables.

14. The other passenger suffered from serious leg injuries.

15. The lifejacket had almost certainly assured her survival.

16. Conservationists will never agree the building of the motorway.

17. The local library will borrow books for a month without charge.

18. Nurses find very difficult to start a family while they are working.

19. In some ways I am agree with those who want stricter punishments.

20. He asked if he could come to your party and take a friend with him.

21. Looking through the magazine, I found out several interesting articles.

22. Many women stop smoking during pregnancy because of the effects to the baby.

23. I thought that the long illness would effect my chances of passing the exam.

24. When you come to dinner on Sunday, take you finance with you so I can meet her.

25. It's a good university, but its architecture doesn't compared to that of the older institutions.

ANSWERS

1. Hurry up and put your shoes on. 2. I disagree with the statement. 3. He was wearing jeans and a T–shirt. 4. Some people disagree with the death penalty. 5. How many of them are absent without permission? 6. The band has been compared to the Beatles. 7. The country's GNP is growing very quickly. 8. Her pictures have been loaned to the Ikon Gallery. 9. The region continues to suffer from serious pollution. 10. I assure you that the meeting will not last very long. 11. I don't agree that heart transplants should be stopped. 12. Parental affection is absent from these children's lives. 13. With a garden you can grow your own vegetables. 14. The other passenger suffered serious leg injuries. 15. The lifejacket had almost certainly ensured her survival. 16. Conservationists will never agree to the building of the motorway. 17. The local library will lent books for a month without charge. 18. Nurses find it very difficult to start a family while they are working. 19. In some ways I agree with those who want stricter punishments. 20. He asked if he could come to your party and bring a friend with him. 21. Looking through the magazine, I came across several interesting articles. 22. Many women stop smoking during pregnancy because of the effects on the baby. 23. I thought that the long illness would affect my chances of passing the exam. 24. When you come to dinner on Sunday, bring you finance with you so I can meet her. 25. It's a good university, but its architecture doesn't compared with that of the older institutions.

PART 2

형용사

1 certain과 some의 차이

2 efficient와 effective의 차이

3 guilty about과 guilty of의 차이

4 outdoor와 outdoors의 차이

5 useless와 no use의 차이

6 alive와 living의 차이

7 anxious와 nervous의 차이

1 certain과 some의 차이

certain과 some이 명사 앞에 쓰일 때 certain의 '어떤, 무슨(구체적인 정보없이 사람·사물 등을 언급할 때 쓰임)'이란 뜻으로 쓰이는 경우에 some의 '(특정한 수·종류 가운데) 일부의[어떤], (단수명사와 함께 쓰여) 어떤[무슨]'이란 뜻과 같거나 비슷하게 보인다. 그렇지만 certain은 세부 사항들을 제공함으로써 계속하거나 계속할 수 있을 때 쓰이고, some은 세부 사항들을 제공할 수 없거나 제공하고 싶지 않을 때 쓰인다. 이 외에 certain과 some은 다양한 의미로 쓰인다.

〈certain의 경우〉

Certain people might disagree with this.

(어떤 사람들은 이것에 동의하지 않을 것이다.)

For certain personal reasons, I shall not be able to attend.

(무슨 개인적인 이유가 있어서 제가 참석할 수 없을 거예요.)

They refused to release their hostage unless certain conditions were met.

(그들은 어떤 조건들을 들어주지 않으면 인질들을 풀어 주지 않으려 했다.)

Leaflets have been air dropped telling people to leave certain areas.

There are certain advantages to living in the countryside, the most important being the fresh air.

◈ certain이 '어떤, 무슨'이란 뜻 이 외에 '확실한, 틀림없는, 확신하는, (사람의 이름과 함께 쓰는) …라는, 어느 정도의[약간의]'라는 뜻으로 다양하게 쓰이는 예는 다음과 같다.

That's true, to a certain extent.

(그것이 어느 정도는 사실이다.)

It is certain that they will agree.

(그들이 틀림없이 동의할 것이다.)

She wasn't certain that he had seen her.

(그녀는 그가 자신을 보았는지 확신이 서지 않았다.)

It was a certain Dr. Davis who performed the operation.

(그 수술을 집도한 분은 데이비스 박사란 분이었다.)

She looks certain to win an Oscar.

(그녀가 오스카상을 탈 것이 확실해 보인다.)

Are you absolutely certain about this?

(이것에 대해 절대적으로 확신하세요?)

I felt there was a certain coldness in their manner.

(그녀의 태도에서 약간 냉정함이 느껴졌다.)

One thing is certain, both have the utmost respect for each other.

She managed to arrange for them to be hidden in the house of a certain Father Boduen.

◈ for certain은 '틀림없이[확실히]라는 뜻이다.

It is impossible to foresee for certain.

(확실히 예견한다는 것은 불가능하다.)

I can't say for certain when we'll arrive.

(우리가 언제 도착할지 확실히 말할 수는 없다.)

I think I know the truth, but I want to know for certain.

(내가 진실을 알고 있다고 생각하지만, 난 더 확실히 알고 싶어.)

I know for certain that he's in there, but he won't answer me.

She couldn't know what time he'd go, or even for certain that he'd go at all.

〈some의 경우〉

I like some modern music.

(나는 일부 현대 음악을 좋아한다.)

Some people find this more difficult than others.

(일부[어떤] 사람들은 이것을 다른 사람들보다 더 힘들어 한다.)

Some people eat a lot, but some people don't eat enough.

(어떤 사람들은 많이 먹는데 어떤 사람들은 충분히 먹지 못한다.)

He's in some kind of trouble.

(그가 일종의 어떤 곤경에 처해 있다.)

There must be some mistake.

(무슨 실수가 있는 게 틀림없다.)

I'll see you again some time, I'm sure.

(내가 언젠가는 당신을 다시 만나게 될 거예요, 틀림없이.)

Can you give me some idea of the cost?

Some neighbors left a cake on our front porch.

Some parts of the country are quite mountainous.

In the end, he sold it to some second-hand car dealer.

If the factory is shut down for some reason, what will happen to all the workers?

◈ some+명사+or other는 '무엇인가, 누구인가, 어딘가'라는 뜻으로 종종 사람이나 사물이 누군가에게 완전히 알려져 있지 않거나 생각할만한 가치가 없는 것을 제시하기 위해 격식을 차리지 않는 경우에 쓰인다.

I think I have read it in some book or other.

(나는 그것을 어떤 책에서 읽은 것 같다.)

For some purpose or other he had left the church.

(그 어떤 목적 때문에 그는 교회를 떠났었다.)

She won a competition in some newspaper or other.

(그녀가 무슨 신문사인가 하는 데서 하는 대회에서 우승을 했다.)

I was going to have him called away from his house on some pretext or other.

Apparently, their daughter has got engaged to some shop assistant or other.

◈ some이 '일부의[어떤]'란 뜻 이외에 '(셀 수 없는 명사·복수 명사와 함께 쓰여) 조금[약간의/몇몇의] / (수량이) 아주 많은, 대단한, 상당한 / (수량이) 적은, 조금의 / 〈긍정적이거나 부정적인 의견을 나타낼 때 비유적인 표현으로〉 믿어지지 않을 정도로, 인상적인, 감명 깊은(=incredible, impressive)'이란 뜻으로 쓰이는 예는 다음과 같다.

That was some party!

(그것은 굉장한 파티였다!)

There's still some wine in the bottle.

(병에 포도주가 아직 좀 남았다.)

* 부정문과 의문문에서는 보통 some 대신에 any를 쓴다.

Is there any wine left?

(포도주 남은 거 있어요?)

I don't want any more vegetables.

(난 채소 더 안 먹을래요.)

그러나 긍정적인 대답을 기대하는 경우에는 의문문에서도 some을 쓴다.

Didn't you borrow some books of mine?

(너 내 책 몇 권 빌려 가지 않았니?)

Would you like some milk in your coffee?

(커피에 우유 좀 넣어 드릴까요?)

There's some hope that things will improve.

(사정이 나아질 희망이 약간 있다.)

It was with some surprise that I heard the news.

(나는 대단히 놀라운 심정으로 그 소식을 들었다.)

Have some more vegetables.

(채소 좀 더 먹어.)

We've known each other for some years now.

(우리는 이제 서로 안 지가 상당히 오래 되었다.)

Some expert you are! You know even less than me.

(당신이 무슨 전문가라고! 아는 게 나보다 훨씬 적으면서.)

Some days you win, and some days you lose.

He got three goals; he is some hockey player!

◈ some이 대명사로서 '몇몇, 몇 개[가지/사람], 조금, 약간, / (전체 중의) 일부 (=part of)'란 뜻으로도 쓰인다.

Some disapprove of the idea.

(몇몇은 그 아이디어에 찬성하지 않는다.)

You'll find some in the drawer.

(서랍에 보면 좀[몇 개] 있을 거야.)

Here are some of our suggestions.

(여기 우리 제안들 가운데 몇 가지가 있어요.)

Some of the music was weird.

(그 음악의 일부는 기묘했다.)

I don't even understand some of it myself.

(나는 그것의 일부도 이해하지 못해요.)

All these students are good, but some work harder than others.

(이 학생들 모두가 착실하다. 하지만 일부는 다른 학생들보다 더 열심히 한다.)

Weren't you looking for some of those?

He asked for money and I gave him some.

◈ some이 부사로서 '(숫자 앞에 쓰여) 약[…정도](=about, approximately), 어느 정도, 조금, 약간'이란 뜻으로도 쓰인다.

I'll just put in some more.

(난 그냥 조금 더 넣을 게.)

He needs feeding up some.

(그는 좀 많이 먹일 필요가 있다.)

A: Are you finding the work any easier?

B: Some.

(A: 일이 조금이라고 더 수월해졌나요?

B: 약간은요.)

Some thirty people attended the funeral.

(서른 명 정도의 사람들이 그 장례식에 참석했다.)

There were some 40 or 50 people there.

(그곳에 사십 명 또는 오십 명 정도의 사람들이 있었다.)

The headquarters is some 30 miles due west.

(본사가 정확히 서쪽으로 삼십 마일 정도에 있다.)

Let him grow up some more.

The necklace cost some $400.

A: Are you feeling better today?

B: Some, I guess.

2 efficient와 effective의 차이

efficient는 '능률적인, 유능한, 효율적인'이란 뜻이고, effective는 '효과적인, 실질적인, 사실상의, (법률·규정이) 시행[발효]되는'이란 뜻이다.

그리고 efficient의 명사는 efficiency('효율(성), 능률, (기계의) 효율')이고, effective의 명사는 effectiveness(effectivity)('효율, 효과적임, 유효성')이다. 이와 비슷한 effect은 '영향, 결과, 효과, (화가·작가 등이) 만들어 내는 느낌[인상]'이란 뜻이다. efficient의 부사는 efficiently('효율적으로, 능률적으로, 유효하게')와 effective의 부사는 effectively('효과적으로, 실질적으로, 사실상')이다.

〈efficient의 경우〉

An efficient bulb may lighten the load of power stations.

(전력 효율이 높은 전구가 생기면 발전량을 줄일 수도 있다.)

Whether the committee is efficient is a matter of opinion.

(그 위원회가 유능한지 아닌지는 견해상의 문제입니다.)

As we get older, our bodies become less efficient at burning up calories.

(우리는 나이가 들어갈수록 신체의 칼로리 소모 효율성이 떨어진다.)

The city's transport system is one of the most efficient in Europe.

We need someone really efficient who can organize the office and make it run smoothly.

◈ efficiency의 예는 다음과 같다.

She arranged everything with her customary efficiency.

(그녀는 습관적으로 능숙하게 모든 것을 정리했다.)

One thing that is immediately needed is energy efficiency.

(즉각 필요한 한 가지는 에너지 효율성이다.)

I was impressed by the efficiency with which she handled the crisis.

(나는 그녀가 위기를 효율적으로 처리하는 것에 강한 인상을 받았다.)

A new furnace could give you increased efficiency and more heat output.

Auto makers are working to meet energy efficiency requirements for new cars.

* 그런데 복수형인 efficiencies는 '효율화(방안)'의 뜻이 된다.

Efficiencies of over 50% are possible, with low capital cost.

(저비용의 자본으로 오십 퍼센트 이상의 열효율이 가능하다.)

This will depend in part on efficiencies being achieved by the company.

(이것은 회사가 이뤄놓은 효율성의 정도에 따라 달려있다.)

We are looking at our business to see where savings and efficiencies can be made.

(우리는 어디서 절약과 효율화를 기할 수 있을지를 알아보기 위해 사업장을 살피고있다.)

Using new technology has helped us achieve dramatic efficiencies in production.

Our recent efforts to improve production efficiencies have focused on the use of robotics and other automation technologies.

* efficiency apartment는 '(원룸[오피스텔형]의) 간이 아파트'(=studio)라는 뜻이다.

He's living in an efficiency apartment.

(그는 오피스텔에 살고 있다.)

I live in an efficiency apartment near campus.

(나는 캠퍼스 근처 원룸형 아파트에 지내고 있어요.)

The efficiency apartment was big enough for only one person.

(원룸형 아파트는 겨우 한 사람이 살기에 적당한 정도였다.)

What is an efficiency apartment?

Compartments vary in size; some are only large enough for a bed, while others resemble efficiency apartments including bathrooms

◈ efficiently의 예는 다음과 같다.

Which fuel burns most efficiently?

(어떤 연료가 열효율이 가장 좋은가요?)

You need to manage your time more efficiently.

(넌 너의 시간을 더욱 효율적으로 관리할 필요가 있다.)

How do you motivate people to work hard and efficiently?

(어떻게 하면 사람들이 열심히 또 효율적으로 일하게 할 수 있을까?)

She runs the business very efficiently.

Our old copy machine works as efficiently as a new one.

〈effective의 경우〉

Aspirin is a simple but highly effective treatment.

(아스피린은 간단하지만 대단히 효과적인 치료약이다.)

He has now taken effective control of the country.

(그가 이제 그 나라의 실질적인 통치권을 잡았다.)

The new speed limit on this road becomes effective from 1 September.

(이 도로에 대한 새 속도 제한법은 구 월 일 일부로 발효된다.)

Our contract becomes effective on April 1.

(우리의 계약은 사 월 일 일부터 발효한다.)

I admire the effective use of color in her paintings.

(나는 그녀 그림의 효과적인 색채 사용이 감탄스럽다.)

Need without purchasing power will not create effective demand in the marketplace.

(구매력이 없는 욕구는 시장에서 실질적인 수요를 창출하지 못할 것이다.)

This bill will become effective as of July 1, 2013.

Humour is a more effective defence than violence.

We are committed to its effective implementation.

We want law that is effective, not law that sounds tough.

The new rules will become effective in the next few days.

Long prison sentences can be a very effective deterrent for offenders.

◈ effectiveness의 예는 다음과 같다.

The effectiveness of the medicine has been accredited.

(그 약은 효능을 인증 받았다.)

Its costs are burgeoning; and its effectiveness lessening.

(가격은 계속 오르고 있는데 그 효과는 계속 줄고 있습니다.)

The effectiveness of our integration model is in question.

(우리의 통합 모델에 대한 효율성이 의문스럽다.)

Exam results are sometimes used as a measure of teacher effectiveness.

There are doubts about the effectiveness of the new drug in treating the disease.

◈ effectively의 예는 다음과 같다.

You should spend your time effectively.

(자네는 시간을 효과적으로 써야 한다.)

The company must reduce costs to compete effectively.

(효과적으로 경쟁할 수 있으려면 회사가 비용을 줄여야 한다.)

These people were effectively written off.

(이 사람들은 사실상 배제되었다.)

He was very polite but effectively he was telling me that I had no chance of getting the job.

(그는 아주 정중했지만 사실상은 내가 그 일자리를 잡을 가능성이 전혀 없다는 말을 하고 있었다.)

Quantitative easing is effectively a default.

(양적 완화는 실질적으로 채무 불이행이다.)

His age effectively ruled him out as a possible candidate.

(그는 연령 때문에 가능한 후보에서 실질적으로 제외되었다.)

The region was effectively independent.

You dealt with the situation very effectively.

Many children can't function effectively in large classes.

They have effectively reneged on their original commitment.

Most of the urban poor are effectively excluded from politics.

The system could deliver services to local communities effectively.

◈ effect의 예는 다음과 같다.

The overall effect of the painting is overwhelming.

(그 그림의 전반적인 인상은 사람을 압도한다.)

Her criticism had the effect of discouraging him completely.

(그녀의 비판은 그의 사기를 완전히 꺾어 놓는 결과를 낳았다.)

Modern farming methods can have an adverse effect on the environment.

(현대 농경법은 환경에 안 좋은 영향을 미칠 수 있다.)

Add a scarf for a casual effect.

(자연스러운 느낌을 주려면 스카프를 하라.)

The wrong attitude will have exactly the reverse effect.

(잘못된 자세는 정반대의 결과를 낳을 것이다.)

Despite her ordeal, she seems to have suffered no ill effects.

(그녀의 호된 시련에도 불구하고 악영향을 거의 받지 않은 것 같다.)

He only behaves like that for effect.

Cause and effect react upon each other.

Her presence during the crisis had a calming effect.

* 그런데 effect의 복수형인 effects는 단수형 effect와 같은 뜻으로 쓰이기도 하지만, '소지품'(=belongings)이란 뜻으로도 쓰인다.

It's difficult to assess the effects of these changes.

(이들 변화의 영향을 가늠하기는 어렵다.)

And the side effects are most likely to be temporary.

(그리고 그 부작용은 대부분 일시적이다.)

If bad posture becomes habitual, you risk long-term effects.

(나쁜 자세가 습관이 되면 장기적으로 부작용이 생길 위험이 있다.)

She suffered no ill effects from the experience.

The industry is feeling the effects of recent price rises.

Did she leave anything behind personal effects?

(그녀가 무엇이든 개인 소지품을 남겼나요?)

You must leave your personal effects in the locker.

(당신의 개인 소지품은 사물함 속에 넣어 두어야 한다.)

The insurance policy covers all baggage and personal effects.

(그 보험 약관은 모든 수하물과 소지품을 포괄한다.)

Don's few personal effects were in a suitcase under the bed.

It says on the form that the insurance covers all personal effects.

3 guilty about과 guilty of의 차이

guilty about과 guilty of는 겉으로 보기에 비슷한 것 같지만 실제 쓰임새에 있어서는 차이가 있다. guilty about sth은 '~에 대해 죄책감이 드는, 가책을 느끼는' (=ashamed)이란 뜻이고, guilty of sth은 '~에 대해 유죄의, (잘못된 일에 대해) 책임이 있는'이란 뜻으로 쓰인다. guilty about는 자기가 의도적으로 한 어떤 잘못된 일에 대해 부끄러움을 느끼는 경우에 쓰인다. guilty of는 죄를 저지르거나 어떤 것을 잘못하여 책임감을 느끼는 경우에 쓰인다.

〈guilty about의 경우〉

I felt a wee bit guilty about it.

(나는 그것에 대해 약간 죄책감이 들었다.)

I don't even feel guilty about it.

(난 심지어 이것에 대해조차도 죄책감을 느끼지 않는다.)

And you believe he doesn't feel guilty about it?

(그리고 당신은 그가 그것에 대해 죄책감을 느끼지 않는다고 믿는군요?)

You don't need to feel guilty about taking time off.

I felt guilty about not visiting my parent more often.

He'll be fine, but I feel so guilty.

(그는 괜찮을 것 같지만 난 죄의식이 들어요.)

John had a guilty look on his face.

(존은 얼굴에 죄책감 어린 표정을 짓고 있었다.)

I had a guilty conscience and could not sleep.

(나는 양심의 가책이 들어 잠을 잘 수가 없었다.)

Many may be keeping it a guilty secret.

I still feel guilty about not visiting her while she was in hospital.

〈guilty of의 경우〉

I don't believe I'm guilty of all this.

(내가 이 모든 것에 유죄라고 나는 믿지 않는다.)

The killer was found guilty of robbery.

(살인범은 강도죄로 유죄 판결을 받았다.)

She was found guilty of unprofessional conduct.

(그녀는 전문가답지 못한 행동을 한 죄가 있는 것으로 밝혀졌다.)

He was guilty of driving without a licence or insurance.

We've all been guilty of selfishness at some time in our lives.

He doesn't care if someone is guilty.

(누가 죄를 지었든 안 지었든 그는 신경을 쓰지 않는다.)

It doesn't matter if you're guilty or innocent.

(당신이 유죄이건 무죄이건 상관없다.)

The murderer had to accept a guilty verdict.

(그 살인범은 유죄 판정을 받아들여야만 했다.)

They were found guilty of murder.

In this country, you are innocent until proved guilty.

◈ '누군가가 유죄이다 또는 무죄이다'라는 표현은 find sb guilty/innocent라는 모양으로 쓰인다.

I find you guilty of treason.

(나는 당신에게 반역에 관한 유죄를 선고합니다.)

The jury found her guilty on all counts.

(배심원들은 그녀가 기소된 모든 항목에서 유죄라는 평결을 내렸다.)

The jury found the defendant not guilty of the offence.

(배심원단은 피고에게 그 범죄에 대해 무죄 평결을 내렸다.)

The jury found him innocent.

(배심원들은 그를 무죄로 인정했다.)

She was found innocent of any crime.

(그녀는 아무 죄가 없는 것으로 밝혀졌다.)

The court found her innocent of the crime.

(그녀는 법정에서 무죄 평결을 받았다.)

The court found him innocent.

Despite the flimsy evidence, the jury found her guilty.

It was not sufficient to find her innocent in a court of law.

The accused was found guilty and sentenced to five years' imprisonment.

4 outdoor와 outdoors의 차이

outdoor는 형용사로서 '옥외[야외]의'라는 뜻이고 명사 앞에서만 쓰인다. outdoors는 부사로 '옥외[야외]에서'라는 뜻으로 쓰인다.

〈outdoor의 경우〉

I'm not really the outdoor type.

(나는 야외 활동을 그렇게 좋아 하지는 않는다.)

He is swimming in an outdoor pool.

(그는 옥외 수영장에서 수영하고 있다.)

She is interested mainly in outdoor sports.

(그녀는 주로 옥외 스포츠에 관심이 있다.)

The city is famed for its outdoor restaurants.

(그 도시는 노천 식당들로 유명하다.)

If you enjoy outdoor activities, this is the trip for you.

(당신이 야외 활동을 즐긴다면, 이것은 당신을 위한 여행입니다.)

He enjoys the outdoor life.

Mr. Mandela will attend an outdoor concert in his honor.

* outdoor의 반대말은 indoor('실내의, 실내용의')이다.

I like indoor pools much better.

(나는 실내 수영장이 훨씬 더 좋아.)

No smoking in any indoor facilities.

(모든 건물 실내에서는 금연)

Indoor air has less oxygen than outdoor air.

(실내공기는 실외공기보다 산소가 부족하다.)

Central heating is bad news for indoor plants.

If the weather is wet or cold choose an indoor activity.

〈outdoors의 경우〉

Sow the seeds outdoors in spring.

(그 씨를 봄에 집 밖에다 뿌려라.)

The rain prevented them from eating outdoors.

(비 때문에 그들은 야외에서 식사를 하지 못했다.)

It was warm enough to be outdoors all afternoon.

(오후 내내 야외에 있어도 좋을 만큼 포근했다.)

Spring is the perfect season to spend some time outdoors.

(봄은 바깥에서 시간을 보내기에 완벽한 계절이다.)

Hypothermia is common among tramps sleeping outdoors.

(저체온증이 밖에서 자는 부랑자 사이에 흔하게 나타난다.)

He likes to work outdoors.

Sow the seeds outdoors in spring.

* outdoors가 명사로 쓰일 때는 the outdoors('(도시를 벗어난) 전원[야외]')로 쓰인다.

I'm a lover of the outdoors.

(난 야외 활동이 너무 좋아.)

They both have a love of the outdoors.

(그들은 두 사람 다 전원에 대한 애정이 있다.)

Come to Canada and enjoy the great outdoors.

(캐나다로 오셔서 멋진 전원을 즐기세요.)

He enjoys the outdoors.

He is one of these people that loves to be in the outdoors.

* outdoors의 반대말은 indoors('실내에서, 실내로')이다.

Many herbs can be grown indoors.

(많은 허브는 실내에서 기를 수 있다.)

I think perhaps we should go indoors.

(우리가 실내로 들어가는 것이 좋을 것 같다.)

Stay indoors in the middle of the day, when the sun is strongest.

(한낮에는 햇살이 가장 강하므로 (밖에 나가지 말고) 실내에 있어라.)

Many herbs can be grown indoors.

In view of the weather, the event will now be held indoors.

5 useless와 no use의 차이

useless는 '소용없는, 쓸모없는, (…을[를] 잘 못하는'이란 뜻인데, '유용하지 않은, 쓸모가 없는, 도움이 안 되는'(=not useful)'의 의미로 쓰인다. no use는 '쓸모없는'이란 뜻이다.

use는 '사용, 이용, 용도, 쓰임새, 사용권, 사용 능력'이란 뜻으로 쓰이는데, no use는 넓은 의미로 이런 뜻의 반대라 할 수 있다.

〈useless의 경우〉

This pen is useless.

(이 펜은 쓸모가 없다.)

He knew it was useless to protest.

(그는 항의해 봐야 소용이 없다는 것을 알았다.)

She tried to work, but it was useless.

(그녀는 일을 하려고 해보았지만 소용이 없었다.)

The report contains a lot of useless information.

These scissors are useless they don't even cut paper.

I'm useless at French.

(나는 프랑스어를 잘 못한다.)

As a secretary, she was useless.

(비서로서 그녀는 잘 못한다.)

Admit to being useless and inferior.

(무능하고 형편없다고 인정해라.)

Don't ask Geoff ? he's useless!

Don't ask her to help. She's useless.

〈no use의 경우〉

no use는 아래와 같이 다양하게 쓰인다.

◈ of no use와 be no use to (sb)는 '쓸모없다'라는 뜻이다. 그리고 be of use (to sb)는 '(~에게) 쓸모 있다[유용하다]'라는 뜻이다.

It is of no use doing that.

(그건 해 봐야 아무 소용없다.)

What you bought for her is of no earthly use.

(네가 그녀에게 사준 것은 전혀 쓸모없다.)

I'm sure there was antidote, but it's of no use now.

(나는 해독제가 있었을 것이라고 생각하지만 이제는 소용이 없다.)

Antibiotics are of no use against cold viruses.

The computer is of no use to her in her work.

There was no use of going further.

(더 갈 필요가 없다.)

It is no use telling us on the last day of the year.

(십이 월 삼십 일에 우리에게 얘기해도 소용없어요.)

You can throw those away–they're no use to anyone.

(그것들을 버려도 돼. 그건 아무에게도 쓸모없으니까.)

It's no use trying to escape. No one has ever got away before.

Our computers are no use. They're just too slow to run the program.

Can I be of any use?

(내가 무슨 쓸모가 있을까요[도움이 될까요]?)

It's not a bit of use complaining.

(불평해 봐야 아무 소용이 없다.)

The delivery arrived too late to be of use.

(물건이 너무 늦게 배달되는 바람에 아무 쓸모가 없게 되었다.)

To speak in this way is not of use.

Wheat was of use to the fox because he ate bread.

◈ have no use for sb는 '~을[를] 싫어하다'라는 뜻이고, have no use for sth은 '…을[를] 필요로 하지 않다'라는 뜻이다.

We've no use for him in our work.

(우리 일에서는 그가 필요 없어.)

I've no use for people who don't make an effort.

(나는 노력을 하지 않는 사람들을 싫어한다.)

I've no use for fools who won't help themselves.

(나는 자신에 도움이 되지 않는 바보들은 싫다.)

No wonder your wife has no use for you.

My company has no use for workers who are not motivated.

I have no use for such a father.

(난 그런 아버지를 필요로 하지 않아.)

Stop it! I have no use for your advice.

(집어치워! 네 충고는 아무 필요 없어.)

You will no longer have a use for the magazines.

(너는 더 이상 그 잡지가 필요하지 않을 거야.)

We have no use for such horrible weapons.

I've no use for sentiment, that sort of thing.

◈ it's no use/good (doing sth)는 '(~해 봐야) (전혀) 소용없다'라는 뜻인데, 어떤 특별한 행위가 필요나 어려움을 취급하는데 도움을 줄 수 없는 경우에 쓰인다. what's the use (of doing sth)?은 '(~해 봐야) 무슨 소용이 있나?'라는 뜻이다. 이것은 어떤 것이 시간 낭비라는 것처럼 보이는 경우에 쓰인다.

It's no use denying the fact.

(사실을 부정해도 소용없다.)

It's no use–I can't persuade her.

(소용없어. 나는 그녀를 설득할 수 없어.)

It's no use crying over spilt milk.

(엎질러진 우유 앞에서 울어봐야 소용없다.)

It's no use trying to hurry him. He'll do it in his own sweet time.

It's no use complaining – you just need to take the test again later.

It's no good having a car if you can't drive.

(자네가 운전할 수 없으면 차를 가진다는 것이 소용없어.)

It's no good complaining–they never listen.

(불평해 봐야 소용없어. 그들은 듣는 법이 없으니까.)

It's no good talking to me, I don't understand zilch.

(나에게 말해 봐야 아무 소용없어. 난 아무것도 이해 못해.)

It is no good doing what the Liberals did in Devon last July.

It's no good having something that looks great and does nothing.

* it's no use/good (doing sth)과 거의 비슷한 뜻으로 쓰이는 표현은 there's no point in (doing sth)('(~해 봐야) (전혀) 소용없다')이 있다. 그런데 후자는 어떤 것이 쓸모가 있는 목적을 갖고 있지 않은 것을 의미할 때 쓰

여 전자와 미묘한 차이가 있다. 그리고 what's the use of ~ing...?는 '~하는 것이 무슨 소용이 있겠는가?'라는 뜻으로 쓰인다.

There's no point in waiting any longer.

(더 기다려 봐야 소용없어요.)

There's no point worrying him unnecessarily.

(그를 불필요하게 귀찮게 하는 것은 아무 의미가 없다.)

There's no point in getting worked up about it.

(그걸 두고 흥분해 봐야 소용없는 짓이야.)

There's no point getting into a panic about the exams.

What she means is that there's no point in waiting here.

What's the use of my going there?

(내가 거기에 가봤자 무슨 소용이겠습니까?)

What's the use of worrying about it?

(그것에 대해 걱정해 봐야 무슨 소용 있겠나?)

What's the use of having so much money?

(돈이 아무리 많으면 뭐 해요?)

What's the use of a carriage without a horse?

What's the use of having a window in your office if you can't open it?

◈ be in use는 '사용되고[쓰이고] 있다'라는 뜻이다.

This policy is still in use today.

(이 정책은 오늘날까지도 쓰인다.)

That computer is in use every day.

(저 컴퓨터는 매일 사용되고 있다.)

The chapel was built in the 12th century and is still in use today.

(그 예배당은 십이 세기에 지어졌는데 오늘날에도 아직 사용되고 있다.)

Cell phone is in use right now.

All of the washing machines are in use.

6 alive와 living의 차이

alive는 형용사로 '살아 있는'이란 뜻과 이 외에 몇 가지 약간 다른 뜻으로 쓰인다. living은 '(현재) 살아 있는'이란 뜻과 이 외에 몇 가지 약간 다른 뜻으로 쓰인다. 두 낱말이 같은 뜻처럼 보이지만 실질적으로 그 쓰임새에 있어서 차이가 있다. alive는 죽지 않은(not dead) 경우에 쓰이고, living은 지금 살아 있는(alive now) 경우와 살아 있다가 죽는 모든 생명이 있는 존재와 생물을 언급하기 위해 사용되는 경우이다.

〈alive의 경우〉

Is your mother still alive?

(당신 어머니께서는 아직 살아 계세요?)

I was glad to hear you're alive and well.

(자네가 무사히 살아 있다는 소식을 듣고 나는 기뻤다.)

Doctors kept the baby alive for six weeks.

(의사들 덕분에 그 아기는 육 주 동안 살아 있었다.)

We don't know whether he's alive or dead.

(우리는 그가 살아 있는지 죽었는지 모른다.)

He was very seriously ill and is lucky to be alive.

We have to breathe oxygen in order to stay alive.

◈ alive는 '살아 있는'이란 뜻과 이 외에 ① '(생기·감정·활기 등이) 넘치는', ② '존속하는', ③ '(살아 움직이는 것들이) 가득한'과 ④ '의식하는, 알고 있는'이란 뜻으로도 쓰인다.

①의 예

Ed was alive with happiness.

(에드는 행복감에 넘쳤다.)

The house will be alive again.

(그 집은 다시 생기가 넘칠 것이다.)

It's a relief that you look alive again.

(당신이 다시 원기 왕성해 보여서 다행이야.)

The football stadium is alive with excitement.

②의 예

The big factories are trying to stay alive by cutting costs.

(큰 공장들은 비용을 절감함으로서 존속하기 위한 노력을 하고 있다.)

Both communities have a tradition of keeping history alive.

(두 지역 사회는 역사를 존속시키려는 전통을 갖고 있다.)

They struggled to keep the torch of idealism and hope alive.

(그들은 이상주의와 희망의 횃불이 꺼지지 않게 하려고 고투를 벌였다.)

McCain's son just enlisted a while back, keeping a family tradition alive.

③의 예

The hive is alive with bees.

(벌집에 벌들이 가득하다.)

The pool was alive with goldfish.

(그 연못에는 금붕어가 가득했다.)

The field is alive with all sorts of flowers.

(그 들판은 온갖 꽃들이 만발하다.)

The dead tree is alive with insects.

④의 예

We are alive to those issues.

(우리는 그 쟁점에 대해 이미 잘 알고 있다.)

He is little alive to the impending danger.

(그는 다가선 위험을 거의 모르고 있다.)

The authorities are fully alive to the danger of it.

(당국은 그 위험을 알고도 남을 것이다.)

He was alive to the dangers of the work.

◈ bring sth alive는 '~에 생기가 돌게 하다[…을[를] 흥미롭게 하다]'라는 뜻이다.

The pictures bring the book alive.

(그 사진들이 책에 생기를 준다.)

A man gave her a glass of ice water to bring her alive.

(한 남자는 그녀에게 생기가 나게 하기 위해 차가운 물 한잔을 주었다.)

As she grows older she discovers that her father and herself have the ability to bring characters alive out of books.

(나이가 들면서 그녀의 아버지와 그녀 자신은 책 속의 인물들에게 생명을 불어 넣을 수 있는 재능이 있다는 것을 그녀는 깨닫는다.)

From here on he brings the character confidently alive.

◈ come alive는 ① '(주제·사건이) 재미있어지다[활기를 띠다]', ② '(장소가) 활기를 띠다'와 ③ '(사람이) 신이 나다'라는 뜻이다.

①의 예

The game came alive in the second half.

(후반전 들어 경기가 활기를 띠었다.)

Your voice is making the subject come alive for your reader.

(여러분의 표현력은 독자들을 위해 주제가 생기를 띄게 해준다.)

The kind of technology that makes war drills come alive for soldiers, and just might be picked up by Hollywood too.

(생생한 전투 훈련을 방불케 하는 이 기술을 할리우드 영화에도 적용할 수 있을 것입니다.)

She made history come alive with tales from her own memories.

②의 예

The Han River comes alive again.

(한강이 다시 활기를 띤다.)

The city starts to come alive after dark.

(그 도시는 어두워진 후에 활기를 띠기 시작한다.)

Like most northern cities, Oslo comes alive during the summer months.

(대부분의 북부 도시들처럼, 오슬로는 여름에 활기를 띤다.)

The doctor's voice had come alive and his small eyes shone.

③의 예

Children can come alive in a sandpit.

(아이들은 모래상자에서 신이 날 수 있다.)

She came alive as she talked about her job.

(그녀는 직장에 대해 얘기할 때면 신이 났다.)

He's been moving like he just came alive tonight.

(그는 오늘 밤 마치 신이 난 것처럼 움직이고 있다.)

The scientist came alive when he told her about his hobby of catching butterflies.

The scientist came alive when he told her about his hobby of catching butterflies.

〈living의 경우〉

All living things depend on the sun.

(모든 살아 있는 생녕제는 태양에 의존한다.)

All living things need water to live.

(모든 생명체는 살기 위해서 물을 필요로 한다.)

He decided that societies are living organisms.

(그는 사회를 살아 있는 유기체로 보았다.)

Genes are like a plan or 'blueprint' for living things.

(유전자는 생물체의 계획이나 '청사진'같은 것이다.)

The ants will eat any living thing that comes into their path.

Yeast is a living organism and too much heat or cold can kill it.

◈ living은 '(현재) 살아 있는'이란 뜻과 이 외에 형용사로 ① 명사 앞에서만 쓰이면서 '현재 사용되는[행해지는]'라는 뜻과 명사로 ② '생활비, 생계 수단'과 ③ '생활 [방식·양식]'이란 뜻으로 쓰인다.

①의 예

The man is inspecting the living quarters.

(그 남자는 거주 구역을 점검하고 있다.)

I vacuumed and dusted and polished the living room.

(나는 거실에 진공청소기를 돌리고 먼지를 닦아내고 윤을 냈다.)

I worked at a movie theater to pay my living expenses.

②의 예

What do you do for a living?

(당신은 어떤 일을 하세요?)

I don't care what you do for a living.

(나는 네 직업이 무엇인지 신경 쓰지 않아.)

She earns living as a freelance journalist.

③의 예

The cost of living has risen sharply.

(생활비가 급격히 올랐다.)

Their standard of living is very low.

(그들의 생활수준은 아주 낮다.)

The standard of living in this country is very high.

* the living은 '(현재) 살아 있는 사람들'이란 뜻이다.

I want to remain with the living.

(난 살아있는 사람들과 남고 싶어.)

Death is always hardest on the living.

(죽음은 항상 살아있는 사람들을 가장 힘들게 한다.)

This matter concerns treating the living and the dead with dignity and respect.

◈ 그런데 lively는 ① '활기[생기] 넘치는, 적극[의욕]적인'(=animated, vivacious), ② '(장소·행사 등이) 활기 넘치는, 활발한', ③ '(색깔이) 선명한'과 ④ 특히 영국에서 '(사업이) 활발한'이란 뜻으로 쓰인다.

①의 예

She had a lively and enquiring mind.

(그녀는 적극적이고 탐구적인 정신을 갖고 있었다.)

He showed a lively interest in politics.

(그는 정치에 대해 의욕적으로 관심을 보였다.)

She was a happy, lively woman and I adored her.

②의 예

And I look forward to a lively race.

(그리고 난 박진감 넘치는 경주를 기대한다.)

Would you like to go to a lively bar?

(당신은 활기넘치는 술집으로 가시겠어요?)

I look forward to an interesting and lively debate.

③의 예

Green also makes us feel refreshed and lively.

(초록색은 우리에게 또한 신선해지면서 그리고 선명한 느낌을 줍니다.)

I'm going to paint the walls a lively shade of pink.

(나는 벽은 선명한 색조의 분홍색으로 칠하려고 한다.)

Hang the picture with a lively shade of red on the wall opposite the window.

④의 예

Trade is becoming livelier.

(장사가 활발히 되고 있다.)

They do a lively trade in souvenirs and gifts.

(그들은 기념품과 선물용품 장사를 활발히 하고 있다.)

A high KOSPI index means that the economy is that much lively overall.

◈ 계속해서 살아남는 경우에는 동사 live를 쓴다.

She lived to see her first grandchild.

(그녀는 첫 손주를 볼 때까지 살았다.)

Spiders can live for several days without food.

(거미는 먹이를 먹지 않고 며칠 동안 생존할 수 있다.)

The baby was four months premature and was not expected to live.

7 anxious와 nervous의 차이

anxious는 '불안해하는, 염려하는, 불안하게 하는, 불안해 보이는'이란 뜻이다. nervous는 '불안해[초조해/두려워] 하는, 신경이 과민한, 걱정을 많이 하는, 겁을 잘 먹는'이란 뜻이다. anxious는 나쁜 어떤 것이 일어날지도 모르거나 일어났을 지도 몰라 두려워하기 때문에 걱정하는 경우에 쓰인다. nervous는 스트레스를 받거나 스트레스를 곧 받을 것 같은 상황에 직면하기 때문에 걱정하는 경우에 쓰인다.

〈anxious의 경우〉

He seemed anxious about the meeting.

(그는 그 회의 때문에 불안해하는 것 같았다.)

Parents are naturally anxious for their children.

(부모들은 당연히 자식을 염려한다.)

She was anxious lest she (should) be left alone.

(그녀는 혼자 남게 되는 것이 아닌가 하고 걱정했다.)

They were a few anxious moments in the baseball game.

(그 야구 경기에서는 몇 번 불안한 순간이 있었다.)

He is anxious about his father's health.

I knew it was just a minor operation, but I couldn't help feeling anxious.

◈ be anxious to do는 '열망하는, 간절히 바라는'이란 뜻으로 어렵거나 불쾌한 상황을 개선하기 위해 어떤 것을 하고 싶은 것을 나타낼 때 쓰인다. 그런데 단순히 어떤 것을 하고 싶은 강력한 욕망을 갖고 있는 경우에는 aching/dying/eager/keen/long to do it('(~하고 싶어) 못 견디다, 간절히[열렬히] ~하고 싶어하다[바라다]')이나 cannot/can't wait to do it('~하기(를)

몹시 바라다[어서 빨리 …하고 싶어하다]')을 쓴다.

I was anxious to visit Europe.

(나는 유럽에 가고 싶어서 못 견딜 지경이었다.)

We are anxious for him to return home safe.

(그가 무사히 귀가하기를 진심으로 바라고 있다.)

I'm anxious for her to do as little as possible.

(그녀가 가능하면 일을 적게 하기를 나는 간절히 바란다.)

She was anxious to finish school and get a job.

He is aching to see her.

(그는 그녀가 못 견디게 보고 싶다.)

I've just been aching[dying] for him to come.

(나는 이제나저제나 그가 오기만을 기다리고 있다.)

California's been aching to split for decades.

* 이런 뜻으로 ache for로도 쓰인다.

I was aching for home.

(나는 집에 가고 싶어 못 견딜 지경이었다.)

The children ached for attention.

(아이들은 관심을 몹시 받고 싶었다.)

He was lonely and aching for love.

I am eager to meet him and talk to him.

(나는 그를 만나고 대화하기를 간절히 원한다.)

Everyone in the class seemed eager to learn.

(학급의 모든 학생들이 배우는 데 열심인 것 같았다.)

According to Mrs. Lowe's grandchildren, she is always eager to learn something new.

We are keen to do more.
(우리는 더 많은 것을 하는 데에 열의가 있어요.)
John was very keen to help.
(존은 정말 간절히 돕고 싶었다.)
We were very keen to start work.

I long to go home.
(내가 집에 돌아가고 싶은 생각이 간절하다.)
I long to have him come.
(그가 와주기를 나는 간절히 바란다.)
I'm longing to see you again.

I can't wait to get back home.
(난 빨리 집에 돌아가고 싶어.)
I can hardly wait see him again.
(나는 어서 빨리 그를 다시 만나고 싶다.)
I can't wait to get out of these wet clothes.

◈ 그런데 worried는 '걱정[우려]하는, 걱정스러워 하는'이란 뜻으로 문제가 있거나 문제가 있게 될 것을 예상하기 때문에 불행한 것을 표현한다.
Don't look so worried!
(너무 그렇게 걱정스러운 표정 짓지 마.)
Doctors are worried about the possible spread of the disease.

(의사들은 그 질병이 확산될 가능성을 우려하고 있다.)

The business is losing money and the boss is very worried.

◈ 그리고 어떤 것이 문제가 아니라고 느끼는 경우에는 not worried / concerned / bothered about sth('~에 관해 걱정[염려]하지 않다, 중요하게 여기지 않는다')을 사용한다.

He's not at all worried about his car's reliability.

(그는 자기 차의 신뢰도에 대해 전혀 걱정하지 않는다.)

I'm not too worried about what people are saying.

(나는 사람들이 말하는 것에 대해 너무 많이 걱정하지 않는다.)

I'm not worried about her–she can take care of herself.

I'm not concerned about the heat.

(난 열에 대해 걱정하지 않아.)

They are not concerned about their investment.

(그들은 자기들이 한 투자에 대해 걱정하지 않는다.)

I'm not concerned about myself right now.

I'm not bothered about what he thinks.

(그가 어떻게 생각하든 난 상관없어.)

I am not bothered about Chelsea anyway.

(나는 어쨌든 첼시에 대해 상관하지 않는다.)

I'm not bothered about how much it will cost.

〈nervous의 경우〉

She was a thin, nervous girl.

(그녀는 여위고 겁을 잘 먹는 소녀였다.)

The horse may be nervous of cars.

(말이 자동차를 무서워할지도 모른다.)

He had been nervous about inviting us.

(그는 우리를 초대하는 것이 두려웠었다.)

Consumers are very nervous about the future.

(소비자들은 미래에 대해 몹시 불안해한다.)

I was so nervous about the exam that I couldn't sleep.

It was our first television appearance and we were all feeling nervous.

익힘문제 1

* 다음 글에서 틀린 부분이 있으면 고쳐 쓰세요.

1. There's no use in waiting any longer.

2. The jury charged the defendant guilty.

3 Our teacher, Mr. Collins, is very alive.

4. Aspirin is very effective to relieve pain.

5. Why do we have to learn useless words?

6. They feel guilty of neglecting their duty.

7. He was tried and judged guilty of murder.

8. My reason for being alive had disappeared.

9. I'm anxious to hear about your new boyfriend.

10. She makes the dog stay outdoor during the summer.

11. Staying in a big hotel would involve useless expense.

12. I always feel anxious when I have to make a speech.

13. In garage sales people get rid of their useless things.

14. He's working in London for a certain travel company.

15. Most unemployed people are anxious for finding work.

16. I don't like history because I think it's useless for me.

17. He used to work outdoor even in the middle of winter.

18. Every alive creature in the sea is affected by pollution.

19. The new machine is far more effective than the old one.

20. She is anxious that the hotel rates will be too expensive.

21. I am anxious to see how British people celebrate Christmas.

22. The less expensive drugs were just as efficient in treating arthritis.

23. Under some certain circumstances, such as war, food has to be rationed.

24. Just suppose for a certain reason, that there was suddenly a shortage of oil.

25. A lot of women feel guilty to leave their children alone or with another person.

ANSWERS

1. There's no point in waiting any longer. 2. The jury found the defendant guilty. 3. Our teacher, Mr. Collins, is very lively. 4. Aspirin is very effective in relieving pain. 5. Why do we have to learn words that are of no use? 6. They feel guilty about neglecting their duty. 7. He was tried and found guilty of murder. 8. My reason for living had disappeared. 9. I can't wait to hear about your new boyfriend. 10. She makes the dog stay outdoors during the summer. 11. Staying in a big hotel would involve unnecessary expense. 12. I always feel nervous when I have to make a speech. 13. In garage sales people get rid of the things they don't use. 14. He's working in London for some travel company. 15. Most unemployed people are anxious to find work. 16. I don't like history because I think it's of no use to me. 17. He used to work outdoors even in the middle of winter. 18. Every living creature in the sea is affected by pollution. 19. The new machine is far more efficient than the old one. 20. She is worried that the hotel rates will be too expensive. 21. I'm longing to see how British people celebrate Christmas. 22. The less expensive drugs were just as effective in treating arthritis. 23. Under certain circumstances, such as war, food has to be rationed. 24. Just suppose for some reason, that there was suddenly a shortage of oil. 25. A lot of women feel guilty abou leaving their children alone or with another person.

PART 3

부사

1 - ly가 붙을 때와 붙지 않을 때의 뜻의 차이가 나는 부사

2 actually와 in fact의 차이

3 certainly와 definitely의 차이

4 strongly와 tightly의 차이

5 yet과 still의 차이

1 - ly가 붙을 때와 붙지 않을 때의 뜻의 차이가 나는 부사

일반적으로 형용사 끝에 -ly가 붙어 부사를 만드는 경우가 대부분이다. 아래에 제시된 것들은 형용사처럼 보이는 낱말이 형용사와 부사로 쓰이고, 형용사에 -ly가 붙어 부사로 쓰이는 경우 뜻의 차이가 있다.

이런 예들로는 clean과 cleanly, close와 closely, deep과 deeply, direct와 directly, free와 freely, hard와 hardly, high와 highly, late와 lately, most와 mostly, near와 nearly, short와 shortly, wide와 widely 등이 있다.

1) clean과 cleanly의 경우

(1) clean

clean은 형용사로 '깨끗한, 매끈한' 등의 뜻으로 쓰인다. 그리고 부사로 '완전히, 감쪽같이'라는 뜻으로 쓰인다.

〈형용사로 쓰이는 경우〉

Cats are very clean animals.

(고양이는 아주 깔끔한 동물이다.)

Keep your room neat and clean.

(방을 깨끗하게 정돈해 두어라.)

I just finished the wash, so now I have clean clothes.

〈부사로 쓰이는 경우〉

I clean forgot about calling him.

(그에게 전화할 것을 내가 싹 잊어버렸다.)

The site later was razed and wiped clean.

(나중에 그 장소는 파괴되었고 깨끗이 치워졌다.)

The bullet passed clean through his chest.

(2) cleanly

cleanly는 부사로 '깔끔하게, 산뜻하게, 깨끗이'라는 뜻으로 쓰인다.

The game had been cleanly fought.

(그 경기는 공정하게 치러졌었다.)

The sword went through him cleanly.

(칼은 그를 완전히 그를 관통했다.)

She's a strong player who hits the ball cleanly.

2) close와 closely의 경우

(1) close

close는 형용사로 '(시간적·공간적으로) 가까운, 거의[곧] …할 것 같은, (사이가) 가까운, 친(밀)한 깨끗한, 매끈한' 등의 뜻으로 쓰인다. 그리고 부사로 '가까이, 바싹'이란 뜻으로 쓰인다.

〈형용사로 쓰이는 경우〉

He was close to tears.

(그는 금방이라도 눈물을 흘릴 것 같았다.)

The two buildings are close together.

(그 두 건물은 서로 가까이 있다.)

They are a close family with a few close friends.

〈부사로 쓰이는 경우〉

I couldn't get close enough to see.

(나는 볼 수 있을 정도로 가까이 가지 못했다.)

She held Tom close and pressed her cheek to his.

(그녀는 톰을 바싹 안고 그의 뺨에 자기 볼을 댔다.)

Mark was standing dangerously close to the edge of the cliff.

(2) closely

closely는 부사로 '밀접하여, 바짝, 접근하여, 친밀히, 꼭맞게, 면밀히, 엄밀히'라는 뜻으로 쓰인다.

I worked very closely with your father.

(나는 매우 밀접하게 너의 아버지와 일했다.)

They had cooperated closely in the planning of the project.

(그들은 그 프로젝트를 계획하면서 긴밀히 협력했었다.)

The movement of information across the border was closely regulated.

3) deep과 deeply의 경우

(1) deep

deep는 형용사로 '깊은, 깊이가 ~인, (호흡을) 깊이 하는, 낮은, 저음의' 등의 뜻으로 쓰인다. 그리고 부사로 '깊이, 깊은 곳에(서)[으로], 마음속으로는'이란 뜻으로 쓰인다.

〈형용사로 쓰이는 경우〉

She took a deep breath.

(그녀가 숨을 한 번 깊이 들이쉬었다.)

You certainly seem to be in deep water.

(당신은 분명 난국에 처한 것 같다.)

I heard his deep warm voice filling the room.

〈부사로 쓰이는 경우〉

Dig deeper!

(더 깊이 파!)

He gazed deep into her eyes.

(그가 그녀의 두 눈을 깊이 응시했다.)

He stood with his hands deep in his pockets.

(2) deeply

deeply는 부사로 '(대단히·몹시의 뜻으로) 깊이[크게], 깊이'라는 뜻으로 쓰인다.

We dream every time we sleep deeply.

(우리는 깊게 잘 때마다 꿈을 꿉니다.)

Opinion is deeply divided on this issue.

(이 쟁점에 대해서는 의견이 크게 갈린다.)

The needle had penetrated deeply into his skin.

4) direct와 directly의 경우

(1) direct

direct는 형용사로 '직접적인, 직행[직통]의'이란 뜻이고, 부사로 '직행으로, 곧바로'라는 뜻으로 쓰인다.

〈형용사로 쓰이는 경우〉

The video included no direct threats of terror attacks.

(그 비디오는 직접적인 테러 협박을 담고 있지는 않았다.)

This was intended to exclude the direct rays of the sun.

(이것은 태양의 직사광선을 차단하기 위한 것이었다.)

When you deliver criticism, are you direct or tactful?

〈부사로 쓰이는 경우〉

This train goes direct to Seoul.

(이 기차는 서울로 직행한다.)

You are buying direct, rather than through an agent.

(당신은 중개인을 통해서가 아니라 직접 구매하고 있는 것이다.)

Orders usually go direct from the warehouse to the buyer.

(2) directly

directly는 부사로 '곧장, 똑바로, 바로 …에'라는 뜻으로 쓰인다.

She drove him directly to his hotel.

(그녀는 그를 곧장 호텔로 태워다 주었다.)

The money will be deposited directly into your bank account.

(당신의 은행 계좌에 곧바로 입금될 것입니다.)

On arriving in New York, Dylan went directly to Greenwich Village

5) free와 freely의 경우

(1) free

free는 형용사로 '자유로운, 무료의, 한가한' 등의 뜻으로 쓰인다. 그리고 부사로 '요금을 안 내고[무료로](=for no money), (고정되거나 매여 있던 것에서) 벗어나[떨어져]'라는 뜻으로 쓰인다.

〈형용사로 쓰이는 경우〉

Keep Friday night free for my party.

(금요일 밤은 내 파티가 있으니까 다른 약속 잡지 마.)

What do you like to do in your free time?

(한가한 시간에는 어떤 일을 즐겨 하세요?)

You can't expect people to work for free.

(사람들이 무료로 일을 해 주길 기대할 수는 없다.)

We're offering a fabulous free gift with each copy you buy.

(책을 사시면 매 권에 대해 정말 멋진 무료 선물을 드립니다.)

You are free to come and go as you please.

(당신은 하고 싶은 대로 자유롭게 왔다 갔다 할 수 있다.)

Students have a free choice of courses in their final year.

(학생들이 마지막 학년 때는 교과목을 자유로이 선택할 수 있다.)

They gave me free access to all the files.

They had to be cut free from their car after the accident.

A true democracy complete with free speech and a free press was called for.

〈부사로 쓰이는 경우〉

The wagon broke free from the train.

(그 화물칸이 기차에서 떨어져 나갔다.)

You boy is too old to travel free by rail.

(당신의 아들애는 나이가 많으므로 무임(無賃) 승차할 수 없습니다.)

Their prisoner suddenly broke free and ran towards the car.

(2) freely

freely는 부사로 '자유롭게, 방해받지 않고, 노골적으로, 마음놓고, 기꺼이, 아낌없이(=willingly)'라는 뜻으로 쓰인다.

She gave her time freely.

(그녀는 그녀의 시간을 아낌 없이 주었다.)

The book is now freely available in the shops.

(이제 그 책은 서점에서 손쉽게 구할 수 있다.)

Millions of people gave freely in response to the appeal for the victims of the earthquake.

6) hard와 hardly의 경우

(1) hard

hard는 '단단한, 어려운, 곤란한, 힘든, (사람들이) 열심히 하는, 냉정한, 겁이 없는 엄연한' 등의 형용사로 사용되기도 하고, '열심히, 힘껏, 힘들게, 세게. 강력하게, 철저히, 심하게' 등의 부사로 쓰이기도 한다.

〈형용사로 쓰이는 경우〉

She's had a hard life.

(그녀는 힘든 생활을 해 왔다.)

He's a very hard worker.

(그는 일을 아주 열심히 한다.)

It's hard to see how they can lose.

(그들이 어떻게 질 수 있는지 이해하기 어렵다.)

He said some very hard things to me.

(그가 나에게 상당히 매정한 말을 좀 했다.)

We're finding reliable staff hard to come by.

(우리가 믿을 수 있는 직원을 구하기가 힘든 형편이다.)

It's hard for old people to change their ways.

(나이 많은 사람들은 자신의 방식을 바꾸기가 어렵다.)

It is hard to get up early in the morning.

He is a hard worker and a skilled gardener.

There were two hard lumps in her abdomen.

〈부사로 쓰이는 경우〉

It was raining hard when we set off.

(우리가 출발할 때는 비가 많이 내리고 있었다.)

Small businesses have been hit hard by the recession.

(중소기업들이 경기 침체로 타격을 받아왔다.)

She tried her hardest not to show how disappointed she was.

(그녀는 얼마나 실망스러운지를 내색하지 않기 위해 무진 애를 썼다.)

Turn hard right at the next junction.

(다음 교차로에서 맨 오른쪽으로 도시오.)

He was still breathing hard after his run.

(그는 달려온 뒤인지라 아직도 가쁜 숨을 몰아쉬고 있었다.)

We thought long and hard before deciding to move house.

(우리는 이사를 결정하기 전에 오랫동안 철저히 생각을 했다.)

Well, it is true that we need to study hard.

He kept on drinking hard until he ruined his health.

The wind is blowing very hard today, and it's cold out there.

(2) hardly

hardly는 '거의 ...아니다[없다], ...할 수가 없다'라는 뜻으로 쓰인다.

We hardly know each other.

(우리는 서로 거의 잘 모른다.)

I could hardly believe it when I read the letter.

(그 편지를 읽었을 때 나는 그것이 거의 믿어지지가 않았다.)

Hardly a day goes by without my thinking of her.

* hardly는 '막(... 하기 시작한) ...하자마자'라는 뜻으로도 쓰인다.

Hardly had we started when it began to rain.

(우리가 출발하자 비가 내리기 시작했다.)

We had hardly sat down to supper when the phone rang.

(우리가 저녁을 먹으려고 자리에 앉자마자 전화벨이 울렸다.)

Hardly had the men started training than they were sent into battle.

7) high와 highly의 경우

(1) high

high는 '높은, 높이, 최고 (수준/수치)'라는 뜻으로 형용사, 부사 및 명사로 쓰인다.

〈형용사로 쓰이는 경우〉

The rooms had high ceilings.

(그 방들은 천장이 높았다.)

He has a round face with a high forehead.

(그는 둥근 얼굴에 이마가 높다.)

She is held in very high regard by her colleagues.

〈명사로 쓰이는 경우〉

Highs today will be in the region of 25℃.

(오늘 최고 기온은 섭씨 이십오 도 안팎이 되겠습니다.)

He was on a real high after winning the competition.

(그는 그 경기에서 이긴 후 진정으로 황홀해 하고 있었다.)

A high over southern Europe is bringing fine, sunny weather to all parts.

〈부사로 쓰이는 경우〉

I can't jump any higher.

(나는 조금도 더 높이 뛰어 오를 수는 없어.)

She never got very high in the company.

(그녀는 그 회사에서 결코 자주 높은 자리까지는 올라가지 못했다.)

He kicked the ball high over the goal.

(2) highly

highly는 부사로 '크게, 대단히, 매우, 높이, 크게 칭찬하여'라는 뜻으로 쓰인다.

His teachers think very highly of him.

(그의 선생님들은 그를 대단히 높이 평가한다.)

Cabin crew are highly trained safety professionals.

(승무원은 고도로 훈련된 안전 전문가이다.)

Buffett said highly successful people read a lot of books.

8) late와 lately(=lately)의 경우

(1) late

late는 '늦은, 만년의, 지각한' 등의 형용사로 쓰이기도 하고, '늦게, 밤늦게' 등의 부사로 쓰이기도 한다.

〈형용사로 쓰이는 경우〉

She married in her late twenties.

(그녀는 이십 대 말에 결혼을 했다.)

In later life he started playing golf.

(그는 만년에 골프를 치기 시작했다.)

What are you doing up at this late hour?

〈부사로 쓰이는 경우〉

It happened late last year.

(그것은 작년 말에 일어났다.)

She has to work late tomorrow.

(그녀는 내일 늦게까지 일을 해야 한다.)

Late that evening, there was a knock at the door.

(2) lately

lately는 부사로 '최근에, 얼마 전에'라는 뜻으로 쓰인다.

Have you talked to her lately?

(최근에 그녀와 얘기해 봤어?)"

She had lately returned from India.

(그녀는 얼마 전에 인도에서 돌아온 참이었다.)

It's only lately that she's been well enough to go out.

9) most와 mostly의 경우

(1) most

most는 형용사로 '최대[최고]의, 가장 많은, 대부분의'이란 뜻이거나, 부사로 '가장, 최고로, 대단히'나 대명사로 '대부분'이라는 뜻으로 쓰인다.

〈형용사로 쓰이는 경우〉

Most classical music sends me to sleep.

(고전 음악은 대부분이 나를 졸리게 한다.)

I spent most time on the first questions.

(나는 첫 문제에 시간을 가장 많이 들였다.)

She had the most money of all of them.

〈부사로 쓰이는 경우〉

It was what she wanted most of all.

(그것은 그녀가 무엇보다도 가장 원하던 것이었다.)

It was most kind of you to meet me.

(저를 만나 주셔서 대단히 고맙습니다.)

It was the people with the least money who gave most generously.

〈대명사로 쓰이는 경우〉

Most of the people I had invited turned up.

(내가 초대한 사람들 대부분이 모습을 보였다.)

As most of you know, I've decided to resign.

(여러분 대부분이 아시다시피 전 사직하기로 했습니다.)

I spent the most of my time on watching TV.

(2) mostly

mostly는 부사로 '주로, 일반적으로, 대체적으로'라는 뜻으로 쓰인다.

We're mostly out on Sundays.

(우리는 일요일에 주로 외출을 한다.)

She's nearly 90 and mostly keeps to her room.

(그 분은 연세가 거의 아흔이 다 되셔서 주로 방에만 계신다.)

They have mostly invested their money in expensive real estate.

10) near와 nearly의 경우

(1) near

near는 형용사로 '가까운, 비슷한, 근사한'이란 뜻으로 쓰이고, 부사로 '가까이, 거의'라는 뜻으로 쓰이기도 한다.

〈형용사로 쓰이는 경우〉

Where's the nearest bank?

(가장 가까운 은행이 어디에 있나요?)

The conflict is unlikely to be resolved in the near future.

(그 갈등이 가까운 장래에는 해결될 것 같지 않다.)

The election proved to be a near disaster for the party.

〈부사로 쓰이는 경우〉

The exams are drawing near.

(시험이 가까워지고 있다.)

I'm as near certain as can be.

(나는 거의 전적으로 확신한다.)

Visitors came from near and far.

(2) nearly

nearly는 부사로 '거의'라는 뜻으로 쓰인다.

It's nearly time to leave.

(거의 떠나야 할 시간이다.)

The audience was nearly all men.

(청중들은 거의 모두 남자들이었다.)

I've worked here for nearly two years.

11) short와 shortly의 경우

(1) short

short는 형용사로 '(시간·거리·시간이) 짧은, 키가 작은, 부족한, ~이 없는' 등의 뜻으로 쓰인다. 그리고 부사로 '~이 부족하다, (필요·예상보다 거리가) 짧게'라는 뜻으로 쓰인다.

〈형용사로 쓰이는 경우〉

She was short and dumpy.

(그녀는 키가 작고 땅딸막했다.)

I'm going to France for a short break.

(나는 프랑스로 짧은 휴가를 갈 예정이다.)

She is not short of excuses when things go wrong.

〈부사로 쓰이는 경우〉

All too often you pitch the ball short.

(너는 너무 자주 공을 짧게 던져.)

Mothers regularly go short of food to ensure their children have enough.

(어미들은 자식들을 충분히 먹이기 위해 정기적으로 먹을 것이 부족하다.)

I'm afraid I'm going to have to stop you short there, as time is running out.

(2) shortly

shortly는 부사로 '(시간상으로) 얼마 안 되어, 곧'과 '퉁명스럽게'의 뜻으로 쓰인다.

I'll be ready shortly.

(난 곧 준비 돼.)

I saw him shortly before he died.

(나는 그가 죽기 얼마 전에 그를 보았다.)

She didn't like the man, so she answered his questions shortly.

12) wide와 widely의 경우

(1) wide

wide는 형용사로 '넓은, 너른, 다양한, 광범위한'이란 뜻이고, 부사로 '완전히, 있는 대로 다, 활짝'라는 뜻으로 쓰인다.

〈형용사로 쓰이는 경우〉

Jenny has a wide circle of friends.

(제니는 사귀는 친구의 폭이 넓다.)

He is a cultured man with a wide circle of friends.

(그는 교제 범위가 넓은 교양 있는 남자이다.)

The road was just wide enough for two vehicles to pass.

〈부사로 쓰이는 경우〉

He stood with his legs wide apart.

(그는 다리를 있는 대로 쫙 벌리고 서 있었다.)

The championship is still wide open.

(그 선수권 대회는 아직 활짝 열려 있다[누구나 이길 수 있다].)

In a few seconds she was wide awake.

(2) widely

widely는 부사로 '널리, 폭넓게'나 '대단히, 크게'라는 뜻으로 쓰인다.

Standards vary widely.

(기준이 매우 다양하다.)

Her books are widely read.

(그녀의 책은 널리 읽힌다.)

He has travelled widely in Asia.

2 actually와 in fact의 차이

actually는 '실제로, 정말로, 실지로, (실제와 생각 사이의 대조를 강조하여) 사실은[실지로는/실제로는], (상대방 말을 정중히 정정하며) 사실은'이란 뜻이다. actually는 보통 오해나 착오를 바로잡기 위해 보통 쓰인다.

in fact는 '사실은[실은], 실제로는'이란 뜻이다. in (actual) fact와 as a matter of fact는 방금 한 말에 대해 자세한 내용을 덧붙이거나 특히 방금 한 말에 반대되는 내용을 강조할 때 쓰인다.

〈actually의 경우〉

What did she actually say?

(그녀가 정말 뭐라고 했니?)

It was actually quite fun after all.

(그것은 사실 예상과 달리 상당히 재미있었다.)

We're not American, actually, we're Canadian.

(실은 저희들이 미국인이 아닙니다. 캐나다 사람이에요.)

Actually, you still owe me $100.

(사실 너는 내게 아직도 백 달러를 빚졌어.)

That's the only reason I'm actually going.

(그것이 정말 내가 가는 유일한 이유이다.)

Actually, it would be much more sensible to do it later.

(실은 그것은 나중에 하는 게 훨씬 현명할 듯해요.)

I would be surprised, actually, if he left Birmingham.

One afternoon, I grew bored and actually fell asleep for a few minutes.

◈ 그런데 지금 현재의 시간을 의미할 때는 actually가 아닌 at present('현재는, 지금은'), at the moment('지금은, 마침, 바로 지금')나 currently('현재, 지금')가 쓰인다.

I have no plans to visit at present.

(나는 지금은 방문할 계획이 없다.)

I think that is not clear at present.

(난 그것이 지금 확실하지 않나고 생각한다.)

The result is beyond calculation at present.

(현재로서는 그 결과를 예상할 수가 없다.)

At present the company is very short of staff.

At present children under 14 are not permitted in bars.

We're busy at the moment.

(지금은 우리가 바빠.)

I'm rather short of time at the moment.

(지금은 저에게 시간이 별로 없어요.)

Business is looking shaky at the moment.

(지금 현재는 사업이 불안정한 것 같다.)

We are working under extreme pressure at the moment.

At the moment I'm working part-time in a travel agency.

All the options are currently available.

(그 모든 옵션들이 지금 이용 가능하다.)

This matter is currently being discussed.

(이 문제는 지금 논의 중이다.)

Currently, over 500 students are enrolled on the course.

(현재 그 과정에는 오백 명이 넘는 학생이 등록되어 있다.)

The hourly charge is currently $70.

Twelve potential vaccines are currently being tested on human volunteers.

〈in fact와 as a matter of fact의 경우〉

This is, in fact, a very serious matter.

(사실 이것은 매우 심각한 문제다.)

I used live in France; in fact, not far from where you're going.

(전 예전에 프랑스에 살았어요. 사실은 당신이 가려고 하는 곳에서 멀지 않은 곳이에요.)

I thought the work would be difficult. In actual fact, it's very easy.

(나는 그 일이 힘들 거라고 생각했어. 실제로는 아주 쉬워.)

We've had a pretty bad time while you were away. In fact. we're nearly split up this time.

The winter of 1940 was extremely bad. In fact most people say it was the worst winter in living memory.

Well, as a matter of fact, I lost it.

(음, 사실은 내가 그걸 잃어버렸다.)

As a matter of fact, I'm gonna marry her.

(사실 난 그녀와 결혼 할 거야.)

As a matter of fact, I'm glad you decided to join us

(당신이 가입하기로 결정해서 저는 기쁩니다.)

The company is doing very well. As a matter of fact, our sales have doubled.

The local people saw all the suffering to which these deportees were subjected.

3 certainly와 definitely의 차이

certainly와 definitely는 겉으로 보기에 의미가 비슷하거나 같은 것으로 보인다.

certainly는 '틀림없이, 분명히, (질문에 대한 답변으로) 그럼요, 물론이지요'라는 뜻으로 어떤 것이 정말로 사실이거나 실제로 일어난 것을 강조하가 위해 그리고 무슨 일이 있을 것임을 나타내기 위해 주로 쓰인다. 이전에 언급되지 않은 의견이나 주장을 강화하기 위해 certainly나 definitely가 쓰인다.

definitely는 '(강조의 의미로 쓰여) 분명히[틀림없이], 절대(로), 확실히'라는 뜻으로 절대적으로 확신하거나 조금도 의심이 없는 것을 의미할 때 쓰인다. 이전에 언급되지 않은 의견이나 주장을 강화하기 위해 certainly나 definitely가 쓰인다.

indeed는 '(긍정적인 진술·대답을 강조하여) 정말[확실히], (very+형용사/부사 뒤에서 진술·묘사 등을 강조하여) 정말[참으로], (진술 내용을 덧붙일 때) 사실[실은], (놀람·터무니 없는 기분을 나타내어) 저런[설마], (답이 생각나지 않을 때 상대방의 질문을 반복하며) 글쎄'라는 뜻이다. indeed는 첫째, 이전의 의견이나 주장을 강화시켜주는 진술을 소개하거나 둘째, 이전의 진술 또는 의견에 동의하는 것을 보여주기 위해 쓰인다.

〈certainly의 경우〉

I'm certainly never going there again.

(난 분명히 다시는 거기 가지 않을 것이다.)

Without treatment, she will almost certainly die.

(치료를 안 받으면 그녀는 거의 틀림없이 사망할 것이다.)

Certainly, the early years are crucial to a child's development.

(분명히 어릴 때의 몇 년이 아동의 발달에 결정적으로 중요하다.)

We're certainly a lot better off than we were five years ago.

He doesn't treat his staff very well but he certainly knows how to make money.

〈definitely의 경우〉

I definitely remember sending the letter.

(난 그 편지를 보낸 것 분명히 기억해.)

Some old people want help; others most definitely do not.

(어떤 노인들은 도움을 원하지만 또 어떤 노인들은 절대 그렇지 않다.)

The date of the move has not been definitely decided yet.

(이사 날짜는 아직 확실히 결정된 것이 아니다.)

A: Was it what you expected?

B: Yes, definitely.

(A: 그게 네가 예상하던 거였니?

B: 그럼, 틀림없어.)

Please say definitely whether you will be coming or not.

According to the data, we can definitely say that pollution is increasing.

〈indeed의 경우〉

It is indeed a remarkable achievement.

(그것은 정말 뛰어난 업적이다.)

A ghost indeed! I've never heard anything so silly.

(설마 귀신이라니! 그런 바보 같은 소리를 난 들어본 적이 없어.)

I don't mind at all, Indeed, I would be delighted to help.

(전 전혀 개의치 않습니다. 사실 도와 드릴 수 있다면 기쁘겠어요.)

Cancer research has indeed come a long way in recent years.

(암 연구는 정말 최근 몇 년 사이에 상당히 좋아졌다[발전했다].)

A: You said you'd help?

B: I did indeed?yes.

(A: 당신이 도와주겠다고 하셨죠?

B: 그럼요, 확실히 그랬죠.)

Later he admitted that the payments had indeed been made.

We have nothing against diversity; indeed, we want more of it.

A: And what do we do here?

B: What, indeed?

* indeed는 'very+형용사+명사+indeed'의 모양이나 'very+형용사/부사+indeed'의 모양으로 쓰인다.

Doing so is very important indeed.

(그렇게 하는 것은 정말 중요하다.)

Today the difference is very marked indeed.

(오늘날 차이점은 매우 뚜렷하다.)

I was very sad indeed to hear of your father's death.

(당신 부친께서 돌아가셨다는 소식을 듣고 나는 참으로 슬펐어요.)

That is very big difference indeed.

(사실 그건 굉장히 큰 차이죠.)

That is very bad government indeed.

(그건 정말 나쁜 정부이다. 정말이지.)

And that's a very nice thing indeed.

(그리고 그것은 진짜 좋은 것이다.)

That's very convenient indeed.

Two years is a very long time indeed.

I thought it was a very clever answer indeed.

The quality of the recording is very good indeed. Some of the students did very well.

◈ 언급하고자 하는 어떤 것이 우연히 이전에 언급한 것과 연계되어 있는 것을 보여주기 위해 as it happens(마침[공교롭게도], 우연히')나 it so happens that('우연히도')라는 표현이 쓰인다.

I agree with you, as it happens.

(공교롭게도 내 생각도 당신과 같아요.)

As it happens, I have a spare set of keys in my office.

(마침, 내 사무실에 여분의 열쇠가 한 벌 있다.)

As it happens, I already know something you don't know.

(공교롭게도, 나는 네가 모르는 것 이미 알고 있어.)

As it happens, we know each other very well anyway.

As it happens, nobody did and we can talk a bit more about why that happened.

It just so happens that I'm single.

(우연하게도 내가 미혼이야.)

It so happens that I am free today.

(오늘은 마침 틈이 있다.)

It so happens that I met him on the train just yesterday.

(제가 바로 어제 기차에서 그를 우연히 만나게 되었습니다.)

It so happens that part of our load there is fuel oil and dynamite.

We've just seen a really beautiful house and it so happens that it's for sale.

4 strongly와 tightly의 차이

strongly는 '튼튼하게, 강렬하게[강력히], 강경히, 거칠게, 확고하게'라는 뜻이고, tightly는 '단단히, 꽉, 빽빽히'라는 뜻이다. 그런데 strongly는 행위(actions)를 언급하는 동사가 아닌 advise, agree/disagree, believe, feel, recommend나 suggest 등과 함께 사용된다. 그런데 tightly는 보통 행위와 관련된 동사와 함께 쓰인다.

〈strongly의 경우〉

I agree strongly with what you said.

(나는 당신 말씀에 전적으로 동의합니다.)

They are strongly opposing the policy.

(그들은 강력하게 이 정책에 반대하고 있습니다.)

I strongly suggest you do not proceed.

(나는 당신이 진행하지 않기를 강력히 권고합니다.)

It is strongly advised that you take out insurance.

(보험을 들 것을 강력히 권고합니다.)

He strongly believed in Greek ideas about medicine.

(그는 의학에 대한 그리스인들의 생각을 굳게 믿었다.)

We strongly recommend that you start an exercise program.

(우리는 당신이 운동 프로그램을 시작하는 것을 강력히 추천합니다.)

The room smelt strongly of polish.

(그 방에서는 광택제 냄새가 강하게 났다.)

I strongly disagree with her opinion.

(나는 그 여자의 의견에 절대 반대야.)

He was strongly opposed to the idea.

(그는 그 아이디어에 강력히 반대했다.)

This is an issue I feel strongly about.

(이것을 그에 대해 내가 확고한 생각[의견]을 가지고 있는 쟁점이다.)

Smoking in this area is strongly controlled.

(이 구역에서 담배를 피는 것은 강하게 규제된다.)

However, I strongly agree with his comment.

(하지만, 난 그의 말에 전적으로 동의해.)

They believed strongly in the afterlife as well.

(그들은 또한 사후세계가 있다고 강하게 믿었다.)

We strongly recommend reporting the incident to the police.

(우리는 경찰에 그 사건을 신고할 것을 강력히 권고합니다.)

We strongly believe that she is innocent.

I would strongly advised you to think again.

He is strongly opposed to resorting to violence.

〈tightly의 경우〉

Her eyes were tightly closed.

(그녀의 두 눈은 단단히 감겨 있었다.)

He held on tightly to her arm.

(그가 그녀의 팔을 꽉 붙잡았다.)

Close the bottle tightly after drinking coke.

(콜라를 마신 후에는 뚜껑을 꽉 닫아라.)

The fastest way to lose love is to hold it too tightly.

(사랑을 잃는 가장 빠른 길은 사랑을 너무 꽉 쥐고 놓지 않는 것이다.)

He leaned forward, his hands clasped tightly together.

(그는 두 손을 함께 꽉 움켜잡고 몸을 앞으로 구부렸다.)

Screw down the lid fairly tightly.

(뚜껑을 제법 세게 돌려서 조이세요.)

The girl held her father's hand tightly.

(그 소녀는 아버지의 손을 꼭 잡고 있었다.)

Don't tie it more tightly than requires.

(필요 이상으로 단단히 묶지는 말아라.)

The mother hugged[embraced] her child tightly.

(어머니는 자기 아이를 꼭 껴안았다.)

We need to administer our system much more tightly.

(우리는 우리의 시스템을 더 엄격하게 관리할 필요가 있다.)

Sadly nicotine isn't a substance which is tightly regulated.

(안타깝게도, 니코틴은 강력히 규제되는 물질이 아니다.)

With the rope wound tightly around him, he couldn't move.

(단단하게 결박한 밧줄 때문에 그는 움직일 수 없었다.)

Gambling should be banned, or at the very least, tightly controlled.

(도박은 금지되거나, 최소한도로, 엄격히 통제되어야 한다.)

Cover the pan tightly with foil.

5 still과 yet의 차이

still은 부사로 '아직(도)(계속해서)'라는 뜻으로 현재 시간 이전의 행위, 조건, 상태나 상황이 변하지 않은 것에 대해 놀라서 말하고 싶을 때 쓰인다. yet는 부사로 '아직'이란 뜻으로 말을 하는 순간까지 안 했거나 못 했거나 일어나지 않았거나 일어나지 않을지도 모르는 행위, 변화, 상태 등을 말하고 싶을 때 주로 의문문이나 부정문에서 쓰인다. yet는 현재 시제나 현재완료 시제와 함께 쓰이지만 과거 시제와 쓰이지는 않는다. 그러나 미국영어에서는 yet가 단순 과거 시제와 함께 쓰이기도 한다. 그런데 already는 부사로 '이미, 벌써'란 뜻으로 말하는 사람이 생각한 것 보다 더 일찍 일어난 것에 대해 놀랄 때 쓰이는데 보통 긍정문이나 의문문에서 쓰인다.

〈still의 경우〉

Mum! I'm still hungry!

(엄마, 나 아직 배고파요!)

Do you still live at the same address?

(당신은 아직 같은 주소에 사세요?)

It was, and still is, my favorite movie.

(그것은 내가 제일 좋아하는 영화였고 아직도 그러하다.)

There's still time to change your mind.

(당신이 마음을 바꿀 시간은 아직 있다.)

I wrote to them last month and I'm still waiting for a reply.

(내가 지난달에 그들에게 편지를 썼는데 아직도 답장을 기다리고 있다.)

Doe Hilary still go to the same school?

I've taken the medicine but I still feel terrible.

◈ still은 부사로 '아직(도)(계속해서)'라는 뜻 이 외에 ① '그런데도, 그럼에도 불구하고'와 ② '(비교급을 강조하여) 훨씬[더욱]'이란 뜻으로도 쓰인다. still은 형용사로 ③ '가만히 있는, 고요한, 정지한', ④ '바람 한 점 없는'과 ⑤ '(음료가) 탄산이 들어 있지 않은, 거품이 안 나는'이란 뜻으로 쓰인다. still은 명사로 ⑥ '스틸(영화·비디오의 한 장면을 담은 사진)'과 ⑦ '증류기, 증류주 양조장'과, 동사로 ⑧ '고요[잠잠]해지다, 고요[잠잠]하게 하다, 진정시키다'라는 뜻으로도 쓰인다.

①의 예

We searched everywhere but we still couldn't find it.

(우리는 온 데를 다 뒤져 보았지만 그런데도 그것을 찾을 수가 없었다.)

We knew we wouldn't win the game, but it was still exciting!

(우리가 게임에 이길 수 없다는 것을 알고 있었지만 그런데도 그 게임은 여전히 흥미진진했다!)

My car looks old and ugly. Still, it's better than having no car at all.

②의 예

The next day was warmer still.

(그 다음날은 훨씬 더 따뜻해.)

If you can manage to get two tickets that's better still.

(당신이 용케 표 두 장을 구할 수 있다면 그것은 더욱 더 좋다.)

Dan found biology difficult, and physics harder still.

③의 예

Can't you sit still?

(넌 가만히 앉아 있을 수 없니?)

Keep still while I brush your hair.

(내가 네 머리를 빗겨 주는 동안 가만히 있어라.)

We stayed in a village where time has stood still.

④의 예

It was a still muggy evening.

(바람 한 점 없는 후텁지근한 저녁이었다.)

It's a still summer's day today.

(오늘은 바람 한 점 없는 여름 날이다.)

In the still night air you could often hear the rumble of the diesels as they sped their way down the highway to destinations unknown.

⑤의 예

She is drinking a glass of still orange.

(그녀는 탄산이 들어 있지 않은 오렌지 한 잔을 마시고 있다.)

Can I get a glass of still mineral water, please?

(저에게 탄산이 들어 있지 않은 광천수 한 잔 주시겠어요?)

In the mini-bar in my fridge sit two lonely 200ml bottles of Hildon still water

⑥의 예

This is a publicity still from his new movie.

(이것은 그의 새 영화에서 뽑은 홍보용 스틸이다.)

A German photographer has been asked to take the stills for the movie.

(독일 사진사는 영화의 스틸을 찍어달라는 요청을 받아오고 있다.)

You've been there all day long making publicity stills.

⑦의 예

Mr. Call was a Lutheran minister who owned a whiskey still on the Louse River.

(콜 씨는 루스 강변에 위스키 증류주 양조장을 소유한 루터교 목사였다.)

⑧의 예

The wind stilled.

(바람이 잠잠해졌다.)

She spoke quietly to still the frightened child.

(그녀는 겁먹은 아이를 진정시키려고 조용히 말했다.)

The ground beneath them trembled, then stilled.

◈ still more/another/other/further는 '훨씬 더 많이'(=even more in amount)라는 뜻이다.

I've found still another mistake.

(나는 훨씬 더 많은 실수를 발견했다.)

But there are still further questions.

(하지만, 훨씬 더 많은 질문들이 남아 있다.)

There was still more bad news to come.

(찾아올 나쁜 소식이 훨씬 더 많이 있었다.)

Kevin grew still more depressed.

The recession may deepen still further.

(경기 침체는 더욱 심각해질지 모른다.)

There's still another two months of winter left.

We look forward to strengthening still further our already close co-operation with the police station.

〈yet의 경우〉

I don't know anything yet.

(저는 아직 아무 것도 모릅니다.)

I haven't received a letter from him yet.

(나는 그에게서 아직 편지를 받지 못했다.)

Our policy has not been established yet.

(우리는 정책이 아직 서지 않았다.)

We have yet to decide what action to take.

(우리는 어떤 조치를 취할 것인지 아직 결정을 내려야 한다[결정을 안 내렸다].)

A: Are you ready?

B: No, not yet.

(A: 준비 됐니?

B: 아니, 아직 안 됐어.)

Do you feel any better yet?

The post office isn't open yet.

◈ yet는 부사로 부정문이나 의문문에서 안 했거나 못 했다는 뜻을 나타내는 '아직' 이 외에, ② '이제[앞으로] (…동안)', ③ could, might, may, etc. do sth ~으로 쓰여 '(그럴 것 같지는 않지만) 그래도[하지만] …할 수 있을지도 모른다', ④ the best, longest, etc. sth ~으로 쓰여 '지금[그때]까지 있을 것 가운데 가장 좋은, 긴 등', ⑤ ~ another/more나 ~ again으로 쓰여 '거기에[그 위에] 또(수·양·횟수의 증가를 강조할때)'와 ⑥ ~worse, more importantly, etc.으로 쓰여 '훨씬 더 나쁜, 중요한 것은 등' 으로 쓰인다. 그리고 yet은 접속사로 ⑦ '그렇지만, 그런데도'(=nevertheless)라는 뜻으로도 쓰인다.

①의 예

Don't go yet.

(아직 가지 마.)

We don't need to start yet.

(우리는 아직 출발할 필요가 없어.)

I haven't spoken to her yet!

②의 예

He'll be busy for ages yet.

(그가 이젠 오래 동안 바쁠 것이다.)

They won't arrive for at least two hours yet.

(그들이 앞으로 적어도 두 시간 동안은 오지 않을 것이다.)

She won't be back for a long time yet.

③의 예

We may win yet.

(그래도 우리가 이길지도 몰라.)

She could yet surprise us all.

(하지만 그녀가 우리 모두를 놀라게 할 수도 있을 것이다.)

This victory could yet put the team into the finals.

④의 예

Her latest novel is her best yet.

(그녀의 최근 소설은 이제까지 나온 소설 가운데 가장 훌륭하다.)

It was the highest building yet constructed.

(그것은 그때까지 건축된 건물 가운데 가장 높은 것이었다.)

This is the network's worst idea yet.

(이것은 이제까지 방송사의 생각 가운데 최악이다.)

He is one of the most famous yet mysterious of recent times.

(그는 최근에 신비에 쌓여있는 이제까지 가장 유명한 사람 가운데 한 사람이다.)

This is the best film I've seen yet.

(이것은 지금까지 내가 본 영화 가운데 최고의 영화이다.)

Family is the most important thing yet it's still stressing.

(가족은 이제까지 강조하고 있는 가장 중요한 것입니다.)

The worst is yet to come in this problem of global warming.

(이런 지구 온난화 문제로 인한 최악의 상황은 아직 시작도 안 했어.)

His latest crime was the worst yet.

This could turn out to be our costliest mistake yet.

Of all the songs I've heard tonight that's the best yet.

This will be the Prime Minister's most important speech yet.

⑤의 예'

The last thing we need is yet another tax.

(우리가 가장 원치 않는 것은 또 다른 세금이다.)

I think I'm becoming aware of yet another connection.

(나는 게다가 또 하나의 연관성을 알게 된 것 같다.)

All you told me was that he'd smashed up yet another car.

Prices were cut yet again.

(가격이 또다시[한 번] 인하되었다.)

I realized yet again just how precious a family is.

(나는 가족의 소중함을 새삼스레 깨달았다.)

Yet again someone is being punished for telling the truth.

This is yet another reason to be cautious.

California could face yet more financial difficulties.

This just proves yet again that you have to be careful who you do business with.

⑥의 예

They would criticize me, or worse yet, pay me no attention.

(그들이 나를 비난할 수도 있고, 아니면 훨씬 더 나쁘게 내게 아무런 주의를 기울이지 않을 수도 있다.)

Worse yet, the catastrophes were more or less unpreventable.

(훨씬 더 나쁜 것은 이 대재앙이 전혀 피할 수 없는 것이었다는 것이다.)

It can perform off-road yet more importantly is just as comfortable on day-to-day driving.

(그것은 도로가 아닌 곳을 달릴 수 있고, 훨씬 더 중요한 것은 그날그날 운전할 때 편안한 승차감이 못지 않다는 점이다.)

Schools need to crack down, yet more importantly, beginning in the middle schools and homes there needs to be more education.

(훨씬 더 중요한 것은 중학교와 집에서 더 많은 교육이 시작되기에 학교가 단호한 조치를 취하는 것이 필요하다.)

Worse yet is the person who found a razor blade in their can of tuna, because if left undiscovered, it could have killed.

Yet more importantly, it kept Liverpool's hopes alive after their horror show in losing 2-1 to the same side two weeks ago.

⑦의 예

It's a small car, yet it's surprisingly spacious.

(이것은 작은 승용차이다. 그렇지만 놀라울 정도로 널찍하다.)

He has a good job, and yet he never seems to have any money.

(그는 좋은 직장에 다닌다. 그런데도 언제나 돈이 없는 것 같다.)

They charge incredibly high prices, yet customers keep coming back for more.

* as (of) yet는 '아직[그때]까지'라는 뜻으로 쓰인다.

The plan, as yet, only exists in embryonic form.

(그 계획은 아직 초기 단계일 뿐이다.)

As yet little was known of the cause of the disease.

(그때까지 그 병의 원인은 거의 알려져 있지 않았다.)

As yet they have not identified a buyer for the company.

(아직까지 그들은 그 회사의 구매자를 찾지 못했다.)

As of yet, nothing is certain.

(아직까지 아무것도 확실치 않다.)

I haven't spoken to him as of yet.

(나는 아직까지 그에게 말한 적이 없었다.)

Like I said, it's nothing serious as of yet.

(내가 말했듯이, 아직까지는 심각한 일이 없다.)

As yet, no starting date has been set.

Police stated that there have been no arrests made as yet.

There are no details available as of yet.

As of yet, we haven't needed extra staff, but it's only a matter of time.

* not yet는 '아직은 아니다'(=not now, still not)라는 뜻으로 쓰인다.

The cause of the fire is not yet known.

(그 화재 원인은 아직 알려져 있지 않다.)

The house is not yet connected to the mains.

(그 집은 아직 (수도·가스·전기가) 본선에 연결이 안 되었다.)

I do not yet know how to swim breaststroke effectively.

(나는 아직 평영을 잘 하는 방법을 모르겠다.)

The full enormity of the crime has not yet been revealed.

(그 범행의 전반적인 심각성은 아직 다 드러나지 않았다.)

I'm going back to New York, but not yet.

Give me chastity and continence, but not yet.

A: Are you feeling hungry?

B: Not yet.

〈already의 경우〉

I'm already late.

(나는 이미 늦었어.)

Is it 10 o'clock already?

(벌써 열 시야?)

You're not leaving already, are you?

(너 벌써 가려는 건 아니지, 응?)

We got there early but Mike had already left.

(우리가 거기 일찍 도착했지만 마이크는 이미 가고 없었다.)

There are far too many people already. We can't take any more.

(이미 사람들이 너무 많아요. 더 이상 받을 수가 없어요.)

I have already met him.

It has been already five months since a devastating earthquake hit Haiti.

◈ 다음 의문문에서 yet와 already의 차이는 어떻게 될까요? yet를 쓴 글은 점심을 먹었는지 그렇지 않은 지에 대한 정보를 파악하기 위한 글이고, already를 쓴 글은 점심을 먹은 것에 대해 놀람을 나타내는 글이다.

Have you eaten lunch yet?

(너 아직 점심을 먹어야 하니?)

Have you eaten lunch already?

(너 벌써 점심을 먹었어?)

익힘문제 1

* 다음 글에서 틀린 부분이 있으면 고쳐 쓰세요.

1. She got married lately.
2. I didn't finish my thesis yet.
3. We all had a good time indeed.
4. Cover the pan strongly with foil.
5. Oh, my goodness, it's near 12:30.
6. We tightly believe that she is innocent.
7. Her eyes were shut tightly as she screamed.
8. Actually, it's cheaper to fly than it is to drive.
9. There's already another two months of winter left.
10. Have they said anything about the money already?
11. The palace is surrounded by a highly concrete wall.
12. The people at the theater were most college students.
13. Did the guy in fact attack you, or just threaten you?

14. Secondary students are under great pressure indeed.

15. When the plane took off, she held my hand strongly.

16. As for his new novel, I think it's worth reading indeed.

17. We need to produce and export more than we do actually.

18. Tourists in poor health tightly advised not to make the trip.

19. I've only been here two weeks and everything is strange yet.

20. Watch the area close to make sure it does not become infected.

21. I know the mayor well—actually, I had dinner with her last week.

22. He left the house at five in the morning, when the family was yet asleep.

23. He claims that many young people do not want jobs but this is indeed not the case.

24. I never get bored by this city. Actually, each time I return I find something new to interest me.

25. I'm afraid that I won't be able to come to your wedding. Indeed, I'm giving a lecture on that day.

ANSWERS

1. She got married recently. 2. I haven't finished my thesis yet. 3. We all had a very good time indeed. 4. Cover the pan tightly with foil. 5. Oh, my goodness, it's nearly 12:30. 6. We strongly believe that she is innocent. 7. Her eyes were shut tight as she screamed. 8. In fact, it's cheaper to fly than it is to drive. 9. There's still another two months of winter left. 10. Have they said anything about the money yet? 11. The palace is surrounded by a high concrete wall. 12. The people at the theater were mostly college students. 13. Did the guy actually attack you, or just threaten you? 14. Secondary students are under very great pressure indeed. 15. When the plane took off, she held my hand tightly. 16. As for his new novel, I think it's certainly worth reading. 17. We need to produce and export more than we do at present. 18. Tourists in poor health strongly advised not to make the trip. 19. I've only been here two weeks and everything is still strange. 20. Watch the area close to make sure it does not become infected. 21. I know the mayor well—in fact, I had dinner with her last week. 22. He left the house at five in the morning, when the family was still asleep. 23. He claims that many young people do not want jobs but this is certainly the case. 24. I never get bored by this city. In fact, each time I return I find something new to interest me. 25. I'm afraid that I won't be able to come to your wedding. As it happens, I'm giving a lecture on that day.

PART 4

전치사

1 beside와 besides의 차이

2 after와 since의 차이

3 along과 through의 차이

1 beside와 besides의 차이

beside와 besides는 겉으로 비슷하면서 철자 한 개만 차이가 나지만 뜻은 다르다. beside는 전치사로서 '…의 옆에, …쪽에'(=next to)라는 뜻이다. 그런데 besides는 전치사로서 '…외에(도)[…에 덧붙여]'라는 뜻으로 전치사 of가 없이 쓰인다. besides는 무언가에 대해 추가적인 이유나 주장을 제시할 때만 쓰인다.

〈beside의 경우〉

He sat beside her all night.

(그는 밤에 그녀 옆에 앉아 있었다.)

There is a tree beside the house.

(집 옆에 나무 한그루가 있다.)

He reached into the cardboard box beside him.

(그는 옆에 있는 종이 상자 안으로 손을 넣었다.)

She was standing beside my bed staring down at me.

(그녀가 나를 내려다보면서 내 침대 옆에 서 있었다.)

She walked over and sat down beside me.

◈ beside가 전치사로서 '…의 옆에, …쪽에'(=next to)라는 뜻 이 외에 '…에 비해[견줘]'(=compared with)라는 뜻으로 쓰인다.

This is poor work beside yours.

(이것은 네 것에 비할 바가 아니다.)

Beside yours my share seems small.

(네 것에 비해 내 몫이 적은 것 같다.)

My painting looks childish beside yours.

(내 그림은 네 그림에 견주니 어린아이 그림 같다.)

Beside me, she seems tall.

This year's sales figures don't look very good beside last year's results.

◈ 그리고 be beside the point는 '요점을 벗어나 있다[중요한 게 아니다]'라는 뜻이고, be beside oneself (with sth)는 '(감정이 북받쳐 어쩔 줄을 모르다 [제정신이 아니다]'라는 뜻이다.

Your remark was beside the point.

(네 발언은 요점을 벗어났다.)

Yes, I know it was an accident, but that's beside the point.

(네, 그게 사고란 거 알아요. 하지만 그게 중요한 게 아니에요.)

A: He's been married before.

B: That's beside the point.

(A: 그는 전에 결혼한 적이 있어.

B: 그게 중요한 게 아니잖아요.)

Brian didn't like it, but that was beside the point.

Her age is beside the point: the question is, can she do the job?

I am sure that she was beside herself.

(나는 그녀가 제정신을 잃은 것이 분명하다고 확신해.)

You must be beside yourself to do such a terrible thing.

(그렇게 끔찍한 짓을 하다니, 넌 미친 게 틀림없어.)

He was beside himself with rage when I told him what I had done.

(그에게 내가 한 짓을 말하자 그는 화가 나는 어쩔 줄을 몰랐다.)

After she left him, he was beside himself with unhappiness.

He was beside himself with joy when he heard he had passed the exam.

〈besides의 경우〉

I've got no family besides my parents.

(나는 부모님 외에는 가족이 없다.)

What other sports do you play besides hockey?

(하키 외에 어떤 다른 운동을 하세요?)

What other sports do you like besides football?

(축구 외에 다른 스포츠는 어떤 걸 좋아하세요?)

We have lots of things in common besides music.

(우리는 음악 외에도 공통되는 것이 많다.)

There were three other people at the meeting besides Mr. Day.

Besides riding, Dakota likes to do many other things.

(승마 외에도 다코타는 많은 다른 일을 하는 것을 좋아해요.)

Besides soccer, there are many reasons to visit the city.

(축구 외에도, 이 도시를 방문할 이유가 많다.)

Besides working as a doctor, he also writes novels in his spare time.

(그는 의사로 일하는 외에 여가 시간에 소설도 쓴다.)

Besides tennis, what other games do you play?

Besides being a professional pianist, he is also a keen amateur singer.

◈ besides가 '…외에(도)[…에 덧붙여]'라는 뜻 이외에 부사로서 '게다가, 뿐만 아니라, 또(한)'(=in addition to, also)란 뜻으로 쓰인다.

Besides, I learned it for free.

(게다가 나는 전부 공짜로 배울 수 있었거든요.)

Besides, I don't even remember what happened.

(게다가 난 무슨 일이 일어난 건지 난 기억하지 못해.)

I don't really want to go. Besides, it's too late now.

(내가 꼭 가고 싶은 건 아냐. 게다가 이제 시간도 너무 늦었어.)

I don't want to go; besides, I'm too tired.

I'm too old to apply for the job. Besides, it would mean moving house.

He gave me books and some money besides.

(그는 내게 책뿐만 아니라 돈까지 주었다.)

He gave me books and many pictures besides.

(뿐만 아니라 그는 책과 많은 그림도 나에게 주었다.)

But Google Earth also offers much else besides.

(하지만 구글 어스는 또한 훨씬 더 많은 것을 제공한다.)

Background music is so terrible besides.

This is my best suit; I have two others besides.

◈ 그런데 besides와 비슷한 것으로 보이는 apart from은 전치사로서 '…외에는, …을[를] 제외하고, …외에도[뿐만 아니라]'라는 뜻으로 두 가지 뜻으로 쓰인다.

apart from은 어떤 사람이나 어떤 것이 이야기하고자 하는 주된 진술에 포함되지 않는 것을 말하는 경우(when you want to say that someone or something is not included in your main statement)에 쓰인다.

I like all sports apart from football.

(나는 축구 외에는 모든 스포츠를 다 좋아한다.)

I've finished apart from the last question.

(난 마지막 문제만 빼고는 다 끝냈다.)

Apart from its cost, the plan was a good one.

(비용 문제만 뺀다면 그 계획은 훌륭한 것이었다.)

Apart from my host, I didn't know a single person there.

Apart from the hair, he looked extraordinarily unchanged.

Who else went there apart from you?

(당신 말고 또 누가 그곳에 갔느냐?)

Apart from their house in London, they also have a villa in Spain.

(그들은 런던에 있는 주택 외에도 스페인에 빌라가 한 채 있다.)

It was a difficult time. Apart from everything else, we had financial problems.

(그것은 힘든 시기였다. 모든 다른 문제들 외에 우리는 재정 문제도 있었다.)

Apart from Peter, everyone had a good time.

You're going to help. Apart from anything else you're my brother.

◈ 그런데 except는 전치사로서 '(누구·무엇을) 제외하고는[외에는]'이란 뜻으로 진술에 포함되지 않는 것이 단 하나일 때 쓰인다.

They all came except Matt.

(그들은 매트를 제외하고는 모두 왔다.)

I like all sports except football.

(나는 축구 외에는 모든 스포츠를 다 좋아한다.)

We work everyday except Sunday.

(우리는 일요일 외에는 매일 일한다.)

Everyone except John was tired.

I can take holidays at any time except in August.

* except와 같은 뜻으로 except for('…을[를] 제외하고, …이 없으면')도 쓰인다.

I don't trust anyone except for you.

(난 너를 제외하고 아무도 믿을 수 없어.)

I had nothing on except for my socks.

(나는 양말 외에는 아무것도 (몸에) 걸치고 있지 않았다.)

The room was silent except for her sobbing.

(그녀의 흐느낌 빼고는 방이 조용했다.)

Except for one old lady, the bus was empty.

We would have had a picnic except for the rain.

◈ except는 접속사로서 ① '…라는 점만 제외하면, …라는 것 외에는'(=apart from the fact that)이란 뜻과 동사로서 ② '제외하다'라는 뜻으로 쓰인다.

①의 예

Our dresses were the same except mine was red.

(우리 드레스는 내 것이 빨간색이라는 점만 빼면 똑같았다.)

He's great except the fact that he has a big mouth.

(그는 다 좋은데 입이 가벼운 게 흠이다.)

I didn't tell him anything except that I needed the money.

(난 내가 그 돈이 필요하다는 것 외에는 그에게 아무 말도 안 했다.)

I would go, except it's too far.

I would lend you money except that I don't have any.

②의 예

I didn't want you to except me.

(난 네가 나를 제외하지 않았으면 했어.)

Children under five are excepted from survey.

(오 세 이하의 아동은 그 조사에서 제외되었다.)

The sanctions ban the sale of any products excepting medical supplies and food.

(그 제재는 의약품과 식품을 제외하고는 어떤 물품의 판매도 금한다.)

You will be all punished; I can except no one.

The army called the men to serve, but they excepted men with wives and children.

2 after와 since의 차이

after와 since는 시간과 관련되어 다음과 같은 차이점이 있다. after는 '(시간상으로) 뒤에[후에]'라는 뜻으로 쓰인다.

since는 '…부터[이후]'라는 뜻으로 쓰인다. since는 '과거에 시작되어 말을 하는 순간인 지금(now)까지 계속되는 시간의 기간을 언급할 때 사용한다. since 앞에 있는 시제는 주로 현재완료나 현재완료 진행형이 온다.

그런데 말을 하는 순간인 지금부터 측정된 미래의 시간을 언급하는 경우에는 in a month's time이나 in three weeks' time 또는 in a month나 in three weeks 등으로 쓴다.

I'll be back in a few days.

(며칠 안에 저가 돌아올 게요.)

I'll contact you in a month.

(한 달 뒤에 내가 너에게 연락할 게.)

It will be ready in a week's time.

(그것은 일 주일 있으면 준비가 될 것이다.)

She learnt to drive in three weeks.

(그녀는 삼 주만에 운전을 배웠다.)

I'll have some breakfast ready in a few minutes.

(몇 분 후에 저가 아침을 준비해 놓을게요.)

I will be a high school student in three months.

(저는 삼개 월 뒤엔 고등학생이 될 거예요.)

I look forward to meeting you in two months time.

(두 달이란 시간이 지난 후에 저가 당신을 만나뵙기를 기대하겠습니다.)

I'll be out of here in a few days.

(며칠 안에 난 이 곳을 떠날 거야.)

I'll call you back in a few minutes.

(몇 분 후에 저가 당신에게 다시 전화하겠습니다.)

We'll let you know our decision in two weeks.

(이 주 후에 우리가 당신에게 결정 사항을 알려 드리겠습니다.)

In three months, he will be eligible for college admission.

(석 달 후에 그는 대학 입학 자격을 갖출 것이다.)

She'll be back again in a couple of weeks' time.

I'm turning 21 in a month's time, and Jason's reasonably aged, he's turning 27 soon.

그리고 과거의 이른 시간에서 잰 과거의 시간을 언급하는 경우에는 a month later와 three months later 등으로 쓴다. 이 때 later는 '나중에, (지금 이야기 중인 시간보다) 후[뒤]에'라는 뜻이다.

I woke up four days later.

(나는 사흘 뒤에 깨어났다.)

His father died later this year.

(그의 아버지는 그해 말에 돌아가셨다.)

I met her again three years later.

(나는 (그보다) 삼 년 뒤에 그녀를 다시 만났다.)

He was released two years later.

(그는 이 년 뒤 풀려났다.)

Six months later they got married.

She later became a doctor.

(그녀는 후에 의사가 되었다.)

Can we do this later, please?

(이건 좀 우리가 나중에 해도 될까요?)

I said I'd tell you about it later.

(나중에 내가 너에게 말할 거라고 했잖아.)

Don't worry, you can pay me later.

(괜찮아요. 나중에 줘도 돼요.)

Do you remember what happened later?

〈after의 경우〉

After an hour I went home.

(한 시간 뒤에 나는 집으로 갔다.)

They arrived shortly after 5.

(그들은 다섯 시 직후에 도착했다.)

It's ten after seven in the morning.

([지금 시간이] 오전 일곱 시 십 분이다.)

Let's meet the day after tomorrow.

(모레 만나자.)

After 19 May strikes were occurring on a daily basis.

〈since의 경우〉

We've lived here since 1997.

(우리는 천구백구십칠 년부터 여기에 살고 있다.)

I haven't eaten since breakfast.

(나는 아침 식사 이후로 아무것도 안 먹었다.)

She's been off work since Tuesday.

(그녀는 화요일부터 휴가 중이다.)

He's been working in a bank since leaving school.

(그는 학교를 떠난 이후로 은행에서 일해 왔다.)

That was years ago, I've changed jobs since then.

3 along과 through의 차이

along은 전치사로 ① '…을[를] (죽·계속) 따라', ② '…을[를] 따라 (죽·한 줄로)', ③ '(기다란) …을[를] 따라가는 길 어디에'라는 뜻으로 쓰인다.

그리고 through는 전치사로 ① '…을[를] 관통하여, …사이로(무엇의 한쪽 끝·면에서 다른 한쪽 끝·면으로 나아가거나 이어짐을 나타냄)', ② '~을[를] 사이에 두고[~의 건너편에서] 보다, 듣다 등)', ③ '〈어떤 활동·상황·시기의 처음부터 끝까지〉', ④ '(장벽·단계·테스트를) 지나[거쳐/통과하여]', ⑤ '(…을[를] 포함하여) …까지'와 ⑥ '…을[를] 통하여, …때문에'라는 뜻으로 쓰인다.

along은 길이나 강과 같은 긴 어떤 것의 한 쪽 옆을 움직이는 경우에 쓰이고 through는 어떤 지역의 한쪽 면으로부터 다른 한쪽 면까지라는 뜻으로 쓰인다.

〈along의 경우〉

①의 예

They walked slowly along the road.

(그들은 길을 따라 천천히 걸었다.)

I looked along the shelves for the book I needed.

(나는 필요한 책을 찾아 책장을 죽 훑어보았다.)

Mrs Barnes was hurrying along the path towards us.

②의 예

Lots of plants grow along the water's edge.

(많은 풀들이 물가를 따라 자란다.)

Houses had been built along both sides of the river.

(강을 사이에 두고 양쪽으로 죽 집들이 지어져 있었다.)

The shops along Oxford Street were brightly lit for Christmas.

③의 예

You'll find his office just along the corridor.

(그냥 복도를 따라가다 보면 그의 사무실을 찾을 수 있을 거예요.)

Walk along Prince Avenue until you come to Oxford Street.

(프린스 가 길을 따라서 옥스포드 로가 나올 때까지 걸어가세요.)

The sound of gunfire was coming from somewhere along the road.

* 이외에 along은 부사로 ① '앞으로', ② '…와 함께'와 ③ '진척되어'의 뜻으로 쓰이기도 한다.

①의 예

I was just walking along singing to myself.

(나는 혼자서 노래를 부르며 그냥 앞으로 걸어가고 있었다.)

He pointed out various landmarks as we drove along.

(우리가 차를 타고 앞으로 가는 동안 그가 여러 군데 표지물들을 가리켜 보여 주었다.)

I have to move along now; see you later.

②의 예

I'll be along in a few minutes.

(내가 몇 분 후에 합류할 게.)

We're going for a swim. Why don't you coming along?

(우린 수영하러 갈 거야. 같이 가지 않을래?)

Joe brought his girlfriend along to the party.

③의 예

The book's coming along nicely.

(그 책은 잘 진척되어 가고 있다.)

Our business is humming right along.

(우리 사업이 순조롭게 되고 있다.)

My boss and I get along just fine together.

* along with sb/sth은 '~에 덧붙여, ~와 마찬가지로'(=together with)란 뜻으로 쓰인다.

All eleven nominees were present, along with Sen.

(센과 마찬가지로 열한명의 후보자들이 모두 참석했다.)

And along with chemicals, specific hormones are released.

(그리고 화학 물질과 함께, 특별한 호르몬이 방출됩니다.)

She lost her job when the factory closed, along with hundreds of others.

(그 공장이 문을 닫았을 때 그녀는 수백 명의 다른 사람들과 마찬가지로 일자리를 잃었다.)

There was a bill along with the parcel.

〈through의 경우〉

①의 예

The bullet went straight through him.

(그 총알은 그를 정확히 관통했다.)

Her knees had gone through her jeans.

(그녀의 청바지는 무릎 부분이 닳아 구멍이 나 있었다.)

The burglar got in through the window.

②의 예

이 경우는 seem, hear, etc. ~sth으로 쓰인다.

I couldn't hear their conversation through the wall.

(벽 너머로는[벽이 막혀 있어서] 나에게 그들의 대화 내용이 들리지 않았다.)

He could just make out three people through the mist.

(그는 안개 사이로 겨우 세 사람의 모습만 알아볼 수 있었다.)

I am sure I can feel a vibration through the soles of my feet.

③의 예

He will not live through the night.

(그는 밤을 못 넘길 것이다(아침이 되기 전에 사망할 것이라는 뜻).)

I'm halfway through her second novel.

(나는 그녀의 두 번째 소설을 절반 쯤 읽었다.)

The children are too young to sit through a concert.

④의 예

He drove through a red light.

(그는 빨간 신호등을 무시하고 (차를) 달렸다.)

First I have to get through the exams.

(먼저 나는 그 시험을 통과해야 한다.)

Go through this gate, and you'll see the house on your left.

⑤의 예

She kept quiet all through breakfast.

(그녀는 아침 식사 동안 내내 아무 말이 없었다.)

We'll be in New York Tuesday through Friday.

(우리는 화요일부터 금요일까지 뉴욕에 있을 것이다.)

We're playing in New Zealand, Australia and Japan through November.

⑥의 예

It was through him that I got the job.

(내가 그 직장에 취직을 한 것은 그를 통해서였다.)

The accident happened through no fault of mine.

(그 사고는 내 잘못 때문에 일어난 것이 아니었다.)

You can only achieve success through hard work.

* 이외에 through는 부사로 ① '(한쪽 끝에서 다른 쪽 끝으로) 지나(뚫고서), …사이로', ② '(처음부터 끝까지) 다, 내내, 줄곧', ③ '(장벽·단계·테스트를) 통과하여', ④ '(여정 중간에 쉬지 않고) 곧장, 직행으로', ⑤ '(전화를) 연결하여'와 ⑥ '(형용사 뒤에 쓰여) 완전히'라는 뜻으로 쓰이기도 한다.

①의 예

The tyre's flat–the nail has gone right through.

(타이어가 바람이 빠졌어[펑크가 났어]. 못 하나가 단단히 박혀 있군.)

Put the coffee in the filter and let the water run through.

(커피를 필터 안에 넣고 물이 그 사이로 흘러내리게 하라.)

The onlookers stood aside to let the paramedics through.

②의 예

I expect I'll struggle through until payday.

(내가 월급날까지 줄곧 허우적거려야 할 것 같다.)

Don't tell me how it ends–I haven't read all the way through yet.

(그것이 어떻게 끝나는지 말하지 마. 내가 그걸 아직 다 안 읽었으니까.)

We've got a tough program, hard work right through the summer.

③의 예

Our team is through to the semi-finals.

(우리 팀은 준결승전까지 통과[진출]했다.)

The lights were red but he drove straight through.

(신호등이 빨간색이었는데도 그가 무시하고 바로 통과해 버렸다.)

Traders generally travel safely through the border.

④의 예

This train goes straight through to York.

(이 기차는 요크까지 직행이다.)

Go straight through that door under the EXIT sign.

(비상구 표시 아래에 있는 문을 통해서 곧장 가라.)

This is Britain's longest through train journey, 685 miles.

⑤의 예

Ask to be put through to me personally.

([전화를] 내게로 직접 연결해 달라고 하세요.)

I tried to call you but I couldn't get through.

(내가 당신과 통화를 하려고 했지만 연결이 안 되더군요.)

He may find the line cut on the telephone so that he can't get through

⑥의 예

We got wet through.

(우리는 완전히 다 젖었다.)

You're soaked through!

(너 완전히 다 젖었구나!)

She went on crying, and cried and cried until the pillow was wet through.

* through and through는 '하나부터 열까지[속속들이]'라는 뜻으로 쓰인다.

He's British through and through.

(그는 속속들이 영국 사람이다.)

Thatcher is to blame through and through.

(대처는 하나부터 열까지 비난받아야 한다.)

People assume they know me through and through the moment we meet.

익힘문제 1

* 다음 글에서 틀린 부분이 있으면 고쳐 쓰세요.

1. After a week we're going to Italy.

2. The road goes along all the major towns.

3. I returned to Germany after two years' time.

4. The questions get harder as you go through.

5. I hope that I'll still be healthy after ten years.

6. We went swimming in the river besides my house.

7. We're going to Ben's—do you want to come through?

8. Besides a couple of spelling mistakes, this looks fine.

9. Walking along the city after dark is not a good idea.

10. Applications must be received no after than April 21.

11. They reached the edge of the city half an hour after.

12. Besides of this problem, her husband had lost his job.

13. After that night Bernstein visited her in her apartment.

14. I promised to meet Julia at the exhibition a week after.

15. He was besides himself with joy when he won the lottery.

16. We walked through the Thames as far as Hampton Court.

17. We need to discover another source of income, beside oil.

18. Over the weekend, we took a leisurely drive along the countryside.

19. Beside of the traditional ceremonies, there are also foreign weddings.
20. Besides the goalkeeper, who was a disaster, the team played very well.

21. It's unrealistic, but that's besides the point—it's just good entertainment.

22. The driver had gone straight along the traffic lights and hit an oncoming car.

23. I'd like to have two children. Besides, I hope that the first one will be a girl.

24. Beside the reduction of unemployment, the government has achieved very little.

25. Quite beside the stealth technology, the B-2 bomber's longer range makes it a more fearsome weapon.

ANSWERS

1. In a week's time we're going to Italy. * 이 글의 다른 표현은 A week (from) today we're going to Italy.이다. 2. The road goes through all the major towns. 3. I returned to Germany two years later. 4. The questions get harder as you go along. 5. I hope that I'll still be healthy in ten years' time. * 이 글의 다른 표현은 I hope that I'll still be healthy ten years from now.이다.) 6. We went swimming in the river beside my house. 7. We're going to Ben's—do you want to come along? 8. Apart from a couple of spelling mistakes, this looks fine. 9. Walking through the city after dark is not a good idea. 10. Applications must be received no later than April 21. 11. They reached the edge of the city half an hour later. 12. Besides this problem, her husband had lost his job. 13. Later that night Bernstein visited her in her apartment. 14. I promised to meet Julia at the exhibition a week later. 15. He was beside himself with joy when he won the lottery. 16. We walked along the Thames as far as Hampton Court. 17. We need to discover another source of income, besides oil. 18. Over the weekend, we took a leisurely drive through the countryside. 19. Besides the traditional ceremonies, there are also foreign weddings. 20. Apart from the goalkeeper, who was a disaster, the team played very well. 21. It's unrealistic, but that's beside the point—it's just good entertainment. 22. The driver had gone straight through the traffic lights and hit an oncoming car. 23. I'd like to have two children and I hope that the first one will be a girl. 24. Apart from the reduction of unemployment, the government has achieved very little. 25. Quite apart from the stealth technology, the B-2 bomber's longer range makes it a more fearsome weapon.

PART 5
기타

1 be/feel obliged to do sth과 force/compel의 차이

2 on the ground와 to the ground의 차이

3 so far와 still의 쓰임새

4 as a whole 과 on the whole의 차이

5 수동태에 뒤따르는 다양한 전치사

6 in common과 in general의 차이

1 be/feel obliged to do sth과 force/compel의 차이

be/feel obliged to do sth는 '의무적으로[부득이] ~하게 되다'라는 뜻으로 무언가를 해야 하는/느끼는 경우에 쓰인다.

force/compel은 '(~을[를] 하도록) …을[를] 강요하다, (어쩔 수 없이) ~하게 만들다, 억지[강제로] ~하다, 강요하게 만들다/강요[강제]하다, (필요에 따라) ~하게 만들다'라는 뜻으로 누군가가 당신으로 하여금 하고 싶지 않은 어떤 것을 강제적으로 하도록 하는 경우에 쓰인다.

〈be/feel obliged to do의 경우〉

Friends will be obliged to do that.

(친구들은 그것을 어쩔 수 없이 하게 될 것이다.)

The ship was obliged to shift her course.

(그 배는 침로를 바꾸지 않을 수 없었다.)

We will be obliged to take effective self-defense measures.

(우리는 효과적인 자위 조치를 취하지 않을 수 없을 것이다.)

We were obliged to postpone our departure because of the heavy rains.

(폭우 때문에 우리는 어쩔 수 없이 출발을 연기했다.)

Work consists of whatever a body is obliged to do, and play consists of whatever body is not obliged to do.

(일은 우리 몸이 부득이 하게 하도록 강요된 것이고 놀이는 우리 몸이 부득이 하게 하지 않아도 되는 것으로 구성된다.)

Companies are obliged to look after their workers.

Doctors are obliged to keep their patients' records secret.

I felt obliged to ask them to dinner.

(나는 그들을 식사에 청해야 한다는 의무감을 느꼈다.)

They felt obliged to resort to violence.

(그들은 폭력에 기댈 수밖에 없다고 생각했다.)

You need not feel obliged to contribute.

(네가 꼭 기부해야 한다고 생각할 필요는 없다.)

Don't feel obliged to stay if you're busy.

(바쁘시면 굳이 계시지 않아도 됩니다.)

I feel obliged to do everything in my power to continue to keep our home secure.

(국내 치안 유지를 위해서라면 제가 할 수 있는 모든 조치를 다 취할 생각입니다.)

I now feel obliged to pray for the safety of your patients.

Since the temperature outside was below freezing. I felt obliged to invite them in.

◈ be obliged (to sb)(for sth/for doing sth)이 '감사를 표하거나 정중한 부탁을 할 때 써서) 고마워하다[감사하다]'라는 뜻으로도 쓰인다.

I'm much obliged to you for helping us.

(저희를 도와 주셔서 정말 고맙습니다.)

I would be obliged if you could read it to us.

(그것을 우리에게 읽어 주시면 고맙겠습니다.)

I'd be obliged if you would keep this to yourself.

(이 일은 당신만 알고 계시면 고맙겠어요.)

I'd be obliged if you'd meet with me today.

Tony, I'm obliged for the service.

(토니야 그 서비스에 고마워.)

I am obliged for your further comment.

(당신이 조금 더 의견을 내주시면 감사하겠습니다.)

We're so obliged for your sending it to us.

(당신이 우리에게 그것을 보내주신데 대해 아주 감사합니다.)

I'd be obliged for a cup of that coffee.

〈force/compel의 경우〉

He didn't force me–I wanted to go.

(그는 나를 강요한 게 아냐. 내가 가기를 원했어.)

She forced herself to be polite to them.

(그녀는 억지로 그들에게 정중하게 대했다.)

The President was forced into resigning.

(대통령은 강요에 못 이겨 사임했다.)

Ill health forced him into early retirement.

(그는 건강이 좋지 않아서 조기 퇴직을 해야 했다.)

I was forced to take a taxi because the last bus had left.

(나는 마지막 버스가 떠나 버려서 할 수없이 택시를 타야 했다.)

They forced him to hand over the money by threatening to kill him.

It is unfair to force people to reduce meat consumption for the environment.

Last year ill health compelled his retirement.

(그는 작년에 건강이 안 좋아서 사직해야 했다.)

She could compel him to support the child after it was born.

(그녀는 아이가 태어난 후 그가 부양하도록 강요할 수 있었다.)

The problem is whether or not you do compel people to join.

(문제는 당신이 사람들에게 동참하라고 강요했는지 아닌지이다.)

I feel compelled to write and tell you how much I enjoyed your book.

(제가 당신 책을 얼마나 즐겁게 읽었는지 편지를 써서 알려 드려야 한다는 생각이 들어요.)

The law can compel fathers to make regular payments for their children.

(아버지가 자녀들을 위해 정기적으로 돈을 지불하도록 법으로 강제할 수 있다.)

If only you hadn't felt compelled to meddle.

The order also compels agencies to curb petroleum use.

2 on the ground와 to the ground의 차이

on the ground는 '땅바닥에, 땅바닥 위에'라는 뜻이고, to the ground는 '땅바닥으로'라는 뜻이다. on the ground는 위치에 관해 생각할 때 쓰이고, to the ground는 아래쪽으로 내려가는 동작이나 서있는 위치로부터 어떤 동작에 관해 생각할 때 쓰인다. 그러니까 on the ground는 어떤 사람이나 사물이 자리를 잡고 있는 위치(on) 중심으로 이야기를 하는 것이고 to the ground는 사람이나 사물이 움직이는 방향(to) 중심으로 이야기를 하는 것이다.

〈on the ground의 경우〉

I found her lying on the ground.

(나는 그녀가 땅바닥에 누워 있는 것을 발견했다.)

The injured man was lying on the ground, moaning.

(다친 그 남자는 바닥에 누워 신음하고 있었다.)

The woman are picking up garbage on the ground.

(여자들이 땅에 떨어진 쓰레기를 줍고 있다.)

The tall oak projected a long shadow on the ground.

(그 높은 떡갈나무는 땅 위에 긴 그늘을 던지고 있었다.)

The ball bounced two times and finally landed on the ground.

(그 공은 두 번 튀어 오르더니 마지막에 땅에 놓여졌다.)

We sat down on the ground just outside the cage.

Someone had dropped one of their gloves on the ground.

◈ on the ground는 '현장[현지]에서'라는 뜻으로도 쓰인다.

There were no known fatalities on the ground.

(현장에서 알려진 사망자는 없었다.)

There's a lot of support for the policy on the ground.

(현장에서는 그 정책에 대한 지지가 많다.)

On the ground, there are hopes that the fighting will soon stop.

(현지에서는 전쟁이 곧 끝날 것이라는 희망을 품고 있다.)

No one on the ground was hurt, the military said.

(현장에서는 아무도 부상당하지 않았다고, 군부는 밝혔다.)

Our rapporteur also performed a review on the ground.

〈to the ground의 경우〉

He flung her to the ground.

(그가 그녀를 바닥에 내동댕이쳤다.)

He lost his balance and fell to the ground.

(그는 몸의 균형을 잃고 땅바닥으로 넘어졌다.)

She fell to the ground on her knees and prayed.

(그녀는 무릎을 꿇고 앉아 기도를 했다.)

People watched in horror as the plane crashed to the ground.

(사람들은 그 비행기가 땅으로 추락하는 것을 경악 속에 지켜보았다.)

I want a rope that will go from the top window to the ground.

(맨 위 창문에서 땅까지 연결되는 밧줄이 필요해.)

They pushed him to the ground and grabbed his wallet.

The parachute failed to open and he plummeted to the ground.

◈ to the ground는 '완전히, 아주'라는 뜻으로도 쓰인다.

The village was razed to the ground.

(그 마을은 완전히 쑥대밭이 되어 버렸다.)

That hat suits you down to the ground.

(그 모자는 당신에게 꼭 맞네요.)

They threw stones and razed a pub to the ground.

(그들은 돌을 던졌고 술집을 완전히 부셨다.)

Houses and a luxury tourist hotel were burned to the ground.

(주택들과 호화 관광호텔 하나가 완전히 불에 타 버렸다.)

A complete apartment complex was burned to the ground.

◈ on the ground와 to the ground에서 ground는 '땅바닥, 지면' 중심으로 설명되고 있다. 그런데 ground는 명사로 ① '땅바닥, 지면', ② '땅, 토양', ③ '공터', ④ 흔히 합성어에서 '(특정 용도를 위한) -장[지]', ⑤ '(육지나 바다에서 특정 용도로 쓰이는 넓은 구역인) -장', ⑥ 복수로 쓰여 '(큰 건물 주변의) 경내[구내]', ⑦ '(관심 · 지식의) 분야[영역], 화제', ⑧ ~for sth/for doing sth으로 쓰여 '~의 (타당한 또는 진짜) 이유', ⑨ 복수로 쓰여 '찌꺼기', ⑩ 미국영어에서 '(전기회로의) 접지, 어스'〈영국영어에서는 earth〉와 ⑪ '(그림 등의) 배경[바탕]'이란 뜻으로 쓰인다.

그리고 ground는 동사로 ⑫ '배가[를] 좌초되다[시키다]', ⑬ 흔히 수동태로 '이륙을 못하게 하다', ⑭ 주로 수동태로 '(자녀에 대한 벌로) 나가 놀지[외출하지] 못하게 하다, 여행 권리를 인정하지 않다'와 ⑮ '~에 근거[기반]를 두다'라는 뜻으로도 쓰인다.

①의 예

Pitch the tent on level ground.

(평평한 지면에 텐트를 세워라.)

Most of the monkeys' food is found at ground level.

(그 원숭이들의 먹이는 대부분이 지면 높이에서 발견된다.)

In the middle of the forest was a bare patch of marshy ground.

②의 예

The ground is wet from the rain.

(땅은 비로 젖어 있다.)

A mole burrows a hole in the ground.

(두더지는 땅속에 구멍을 판다.)

Also, the air and ground is very dirty.

③의 예

The grounds outside our office building are grassy.

(우리 사무실 건물 바깥의 공터는 풀로 뒤덮여 있다.)

The kids were playing on waste ground behind the school.

(그 아이들은 학교 뒤의 버려진 공터에서 놀고 있었다.)

The car was found on a piece of waste ground.

④의 예

I'll meet you at the football ground.

(내가 축구장에서 너를 만날 게.)

It plays a central role in ensuring sports ground safety.

(그것은 스포츠 경기장의 안전을 보장하는데 있어서 중심 역할을 한다.)

Only this week, I received a letter from the Minister for Sport saying that he was opposed to building on the recreation ground.

⑤의 예

The best fishing grounds are around the islands.

(최고의 낚시 장소는 섬 주변이다.)

The rich feeding grounds sustain a large number of squirrels in this forest.

(풍부한 사육장은 이 숲에 있는 많은 수의 다람쥐들을 살아가게 한다.)

The lack of suitable fishing grounds is a threat to food security.

⑥의 예

We are prohibited from smoking on school grounds.

(우리는 학교 구내에서 흡연을 못하게 되어 있다.)

Wounded men, don't stray from the hospital grounds.

(부상당한 사람들이여, 병원 부지로부터 벗어나지 마세요.)

What I really wanted to do was poke around in the palace grounds.

⑦의 예

He managed to cover a lot of ground in a short talk.

(그는 짧은 연설 속에서 용케 많은 분야를 다루었다.)

You're on dangerous ground if you criticize his family.

(그의 가족을 비판하면 위험한 영역을 건드리는 것이 된다.)

We had to go over the same ground in class the next day.

(우리는 그 다음날 수업 시간에 동일한 내용을 다시 반복해야 했다.)

He was back on familiar ground dealing with the customers.

(그는 다시 친숙한 분야로 돌아가서 소비자 문제를 다루었다.)

But the surgeon's latest transplant has broken new ground in the field of transplantation.

⑧의 예

You have no grounds for complaint.

(넌 불평할 이유가 없다.)

He retired from the job on health grounds.

(그는 건강상의 이유로 그 직장에서 은퇴했다.)

What were his grounds for wanting a divorce?

⑨의 예

Coffee grounds changed the color of the water.

(커피 찌꺼기로 물의 색깔이 바뀌었다.)

In addition, Starbucks preserves the environment by using cups made from recycled material and by giving away coffee grounds to customers to use in their gardens as fertilizer.

(게다가, 스타벅스는 재활용할 수 있는 물질로 된 컵을 사용함으로써, 그리고 고객들의 정원에 비료로 사용하도록 커피 찌꺼기를 증여함으로써 환경을 보호한다고 했다.)

I found it hidden in the garbage under some coffee grounds.

⑩의 예

The ground wire was not connected.

(어스[접지]선이 연결되지 않았다.)

The ground wire in the house is connected to the neutral wire.

(집 안의 접지선은 중성선에 연결되어 있다.)

Always leave the earth wire a bit long so that if the flex is pulled, it will be the last to be pulled away.

⑪의 예

They are pink roses on a white ground.

(그것들은 흰색 바탕에 분홍색 장미 송이들이다.)

It is a pattern woven in relief on a white ground

(그것은 백지에 부조한 모양이다.)

On plaster ceiling gold star patterns on a blue or green ground were often painted.

⑫의 예

The ship grounded on a hidden sandbank.

(그 배가 감추어진 모래톱에 좌초되었다.)

The fishing boat had been grounded on rocks off the Coast of Cornwall.

(그 어선은 콘월 해안에서 암초에 좌초되었다.)

Residents have been told to stay away from the region where the ship was grounded.

⑬의 예

The balloon was grounded by strong winds.

(그 기구는 강한 바람 때문에 이륙하지 못했다.)

All planes out of Heathrow have been grounded by the strikes.

(그 파업으로 히스로 공항을 떠날 항공기들이 모두 이륙을 하지 못하고 있다.)

All aircraft have been grounded because of thick fog.

⑭의 예

You're grounded for a week!

(넌 일주일 동안 외출 금지야!)

My father grounded me for coming in late.

(아버지께서 내가 늦게 들어온 데 대해 외출 금지를 시켰다.)

The manager grounded all salespeople to save money.

⑮의 예

Her argument was grounded in fact.

(그녀의 주장은 사실에 근거를 두었다.)

Our fears proved to be well grounded.

(우리의 공포는 제대로 근거가 있는 것으로 입증되었다.)

Our development plans are grounded on the results of our market research.

3 so far와 still의 쓰임새

so far는 '지금까지[이 시점까지]'(=thus far, until now)라는 뜻이고, still은 부사로 '아직(도)(계속해서)'라는 뜻으로 쓰이면서 다른 뜻으로 쓰이기도 한다. so far나 to date는 미래에 이어져 계속되는 상황에 관해 지금 이야기하고 있을 때 쓰인다. still은 과거에 있었던 것과 같이 지금도 똑같은 어떤 것을 말하고 싶을 때 쓰인다. 그리고 still처럼 과거에 있었던 것과 같이 지금도 똑같은 어떤 것을 말하고 싶은 것을 강조하고 싶을 때는 글의 앞에 to this day ... (still)를 쓴다. 그런데 말을 하는 순간까지 어떤 것이 일어나지 않은 것을 의미할 때는 yet('아직')를 쓴다. 말을 하는 순간까지 (과거의) 어느 때[언제]를 의미하는 경우에는 ever를 쓴다. until now는 '지금까지(는), 여태껏, 이태껏, 이제껏'라는 뜻이다.

〈so far의 경우〉

What do you think of the show so far?

(지금까지의 그 쇼[프로]에 대해 어떻게 생각하세요?)

It is Coulthard who is calling the tune so far this season.

(이번 시즌에 지금까지 선두를 장악하고 있는 사람은 쿨타드이다.)

Detectives so far at a loss to explain the reason for his death.

(형사들이 이 시점까지도 그의 사망 원인을 어떻게 설명해야 할지 갈피를 못 잡고 있다.)

So far we have restricted our attention to the local area.

Only one of the escaped prisoners has been captured so far.

◈ to date는 '지금까지'라는 뜻으로 so far와 같은 뜻으로 쓰인다.

To date, we have received over 200 replies.

(지금까지 우리는 이백 통의 회신을 받았다.)

The exhibition contains some of his best work to date.

(그 전시회에는 지금까지 나온 그의 작품들 가운데 몇 편 포함되어 있다.)

It was the president's second public appearance to date.

(지금까지 대통령이 공식 석상에 모습을 드러낸 것은 그것이 두 번째였다.)

To date there have been ten attempts on the President's life.

◈ so far가 격식을 차리지 않는 경우에 '(제한된) 어느 정도까지만'의 뜻으로도 쓰인다.

I trust him only so far.

(나는 그를 어느 정도까지만 믿는다.)

Most have so far not topped $50.

(대부분은 오십 달러보다 더 높지는 않는다.)

I am afraid this money will not go so far.

(내 생각엔 이 돈이 그 정도까지 안 될 것 같은데.)

I shouldn't have stuck my feet out so far.

(내가 그렇게 발을 쑥 내밀지 말아야 했는데.)

You can only get so far on good looks alone.

◈ so far가 속담이나 일상생활에서 '지금까지는 좋다[순조롭다].'라는 뜻으로 So far, so good.으로도 자주 쓰인다.

So far, so good, you know?

(이제까지는 아주 좋습니다. 당신 알지요?)

So far, so good, but where is the opener?

(지금까지는 좋아. 그런데 따는 기구는 어디 있지?)

A: How's your new job?

B: So far so good.

(A: 새로운 직장이 어때?

B: 아직까진 좋아.)

So far, so good, but we have much to do.

(지금까지 잘 해왔지만 아직도 우리는 해야 할 일이 많다.)

So far, so good? 96 percent of calls have been answered within six seconds.

〈still의 경우〉

Mum, I'm still hungry!

(엄마, 나 아직 배고파요!)

Do you still live at the same address?

(아직 같은 주소에 사세요?)

It was, and still is, my favorite movie.

(그것은 내가 제일 좋아하는 영화였고 아직도 그러하다.)

There's still time to change your mind.

(당신이 마음을 바꿀 시간은 아직 있다.)

Villagers still have to draw their water from wells.

I wrote to them last month and I'm still waiting for a reply.

◈ to this day ... (still)가 '지금[이날/오늘]까지도'라는 뜻으로 쓰인 예는 다음과 같다.

I regret the decision to this day.

(지금까지도 나는 그 결정을 후회해요.)

To this day, no one knows what happened.

(오늘까지도 아무도 어떤 일이 있었는지 모른다.)

To this day, no one had solved that problem.

(지금까지 그 문제를 푼 사람이 없었다.)

To this day, I still don't understand why he did it.

(나는 지금 이날까지도 아직 그가 왜 그랬는지 이해가 안 돼.)

To this day I still don't understand why they got divorced.

◈ ever('어느 때고, 언제든, 한번이라도')가 쓰인 예는 다음과 같다.

Nothing ever happens here.

(여기에서는 (한번도) 무슨 일이 생기는 법이 없다.)

Have you ever been to Rome?

(로마에 가 보신 적이 있으세요?)

If you're ever in Miami, come and see us.

(언제든 마이애미에 오는 일이 있으면 우리를 보러 와.)

Today will be by far the best day ever in my lifetime.

(오늘은 제 생애 최고의 날이 될 것입니다.)

This is the worst earthquake that the country has ever experienced.

◈ still이 부사로 '아직(도)(계속해서)'라는 뜻 이 외에 ① '그런데도, 그럼에도 불구하고,' ② '(비교급을 강조하여) 훨씬 [더욱]'와 ③ 이미 언급한 양 보다 훨씬 더 많은 양, 증가나 감소 등을 표현하는 ~ more/another/further는 '훨씬 더 많이'라는 뜻으로 쓰인다. 그리고 still이 형용사로 ④ '가만히 있는, 고요한, 정지한', ⑤ '바람 한 점 없는', ⑥ '(음료가) 탄산이 들어 있지 않은, 거품이 안 나는'이란 뜻으로 쓰이기도 한다.

①의 예

Yeah, but I still don't understand how.

(그래, 그럼에도 불구하고 나는 여전히 그 방법을 이해 못하겠어.)

We searched everywhere but we still couldn't find it.

(우리는 온 데를 다 뒤져 보았지만 그런데도 그것을 찾을 수가 없었다.)

After the earthquake only a few houses were still standing.

(지진 후에도 오직 집 몇 채만이 남아 있었다.)

The weather was cold and wet. Still, we had a great time.

(날씨가 춥고 궂었다. 그런데도 우리는 대단히 즐거운 시간을 보냈다.)

I hadn't seen him for 25 years. Still, I recognized him immediately when I saw him.

②의 예

The next day was warmer still.

(그 다음날은 훨씬 더 따뜻했다.)

If you can manage to get two tickets that's better still.

(당신이 용케 표 두 장을 구할 수 있다면 그것은 더욱더 좋다.)

Broadband is still more expensive than dial-up services.

(고속 데이터 통신망은 아직도 다이얼 접속 방식보다 비싸다.)

Is efficiency still more important than meaning?

It would be nice to see Audrey again, and it would be still nicer if she could.

③의 예

But there are still further questions.

(하지만, 훨씬 더 많은 질문들이 남아있다.)

There was still more bad news to come.

(찾아올 나쁜 소식이 훨씬 더 많이 있었다.)

It's still another two days till my birthday.

(내 생일까지 이틀 더 남았다.)

The recession may deepen still further.

(경기 침체는 더욱 심각해질지 모른다.)

Fuel prices could rise still further in the coming months.

Why did the bank not conduct its own audit before lending still more?

④의 예

Keep still while I brush your hair.

(내가 네 머리를 빗겨 주는 동안 가만히 있어라.)

Mosquitoes lay their eggs in still water.

(모기는 고여 있는 물에 알을 낳습니다.)

We stayed in a village where time has stood still.

(우리는 시간이 정지해 버린 것 같은 어느 마을에서 머물렀다.)

The room was very still.

(그 방은 쥐죽은 듯이 고요했다.)

The kids found it hard to stay still.

(그 아이들은 가만히 있기가 힘들었다.)

Away from the busy and noisy cities, temples are silent and still.

(분주하고 시끄러운 도시에서 떨어진 절은 조용하고 고요합니다.)

The night air was very still.

Just sit still for a minute and let me tie your shoe.

He watched the still water over the side of the boat.

⑤의 예

This music suggests a still night.

(이 음악은 바람한 점 없는 밤을 연상시킨다.)

The May night was still and warm.

(오 월의 밤은 바람도 없고 따뜻했다.)

Luckily, August is still summer in Beijing.

(다행스럽게도 북경의 팔 월은 바람한 점 없는 여름이다.)

And once again on the still night air came the trembling appeal, Pauline!

(폴리! 그리고 또 다시 계속해서 바람 한 점 없는 밤공기가 떨게 만들었다.)

Over the still summer garden rested a weight of peace.

In the still night air you could often hear the rumble of the diesels as they sped their way down the highway to destinations unknown.

⑥의 예

This wine is a still white Burgundy.

(이 포도주는 거품 일지 않는 부르고뉴산 백포도주이다.)

Can I get a glass of still mineral water, please?

(저가 미네랄 생수 한 잔 마실 수 있을까요?)

They were loath to give it to me, suggesting instead that I buy a bottle of still water.

(그들은 나에게 그것을 주는 것을 꺼려하면서, 대신에 내가 탄산이 들어 있지 않은 물 한 병을 사는 것을 제안했다.)

We order glasses of still water which, Andy's style, turns out to be from the tap with quite a hint of chlorine in it.

◈ yet는 부사로 ① '(부정문·의문문에서) 아직(안 했거나 못 했다는 뜻을 나타낼 때)', ② '(부정문에서) 아직(하지 말라는 뜻을 나타낼 때)', ③ '이제[앞으로](…동안)', ④ could, might, may, etc. do sth ~과 함께 쓰여 '(그럴 것 같지는 않지만) 그래도[하지만] …할 수 있을지도 모른다', ⑤ ~ another/

more/~ again으로 쓰여 '거기에[그 위에] 또(수·양·횟수의 증가를 강조할 때)', ⑥ the best, longest, etc. sth ~ (done)으로 쓰여 '지금[그때]까지 있은 것 가운데 가장 좋은, 긴 등'과 ⑦ worse ~, ~ more important/importantly, etc.으로 쓰여 '훨씬 더 나쁜, 중요한 것은/중요 하게 된 것은 등'으로 쓰인다.

①의 예

I haven't received a letter from him yet.

(난 그에게서 아직 편지를 받지 못했다.)

We have yet to decide what action to take.

(우리는 어떤 조치를 취할 것인지 아직 결정을 내려야 한다[결정을 안 내렸다].)

A: Are you ready?

B: No, not yet.

(A: 준비 됐니?

B: 아니, 아직 안 됐어.)

He probably didn't even read your email yet.

(그는 아마도 아직 당신의 전자 우편을 읽지도 않았을 것이다.)

Have they said anything about the money yet?

②의 예

Don't go yet.

(아직 가지 마.)

We don't need to start yet.

(우린 아직 출발할 필요가 없어.)

We didn't want their feedback yet.

(우린 아직 그들의 피드백을 원하지 않았어야 했어).

We have yet to obtain authorization.

(우리는 아직 허가를 받지 않았어야 해)

We should not yet abandon this option for the disposal of highly radioactive waste.

③의 예

He'll be busy for ages yet.

(그가 이젠 오래 동안 바쁠 것이다.)

You may yet get the chance.

(너는 언젠가는 기회를 얻을 것이다.)

Nothing will happen for a few years yet.

(이젠 몇 년 동안 어떤 일도 일어나지 않을 것이다.)

They won't arrive for at least two hours yet.

(그들이 앞으로 적어도 두 시간 동안은 오지 않을 것이다.)

Unemployment will go on rising for some time yet.

④의 예

She could yet surprise us all.

(하지만 그녀가 우리 모두를 놀라게 할 수도 있을 것이다.)

The engine may yet be functional.

(엔진이 그래도 작동할지 모른다.)

These secret negotiations might yet be a storm in a tea cup.

(이러한 비밀 협상들은 찻잔속의 태풍, 즉 별 효과 없는 사소한 일이 될 수 있습니다.)

This discovery may yet be the making of him.

(이와 같은 발견이 머지않아 그의 성공 요인이 될지도 모른다.)

The troops could not yet see the misty shores of Normandy.

(그 군대가 안개 낀 노르망디 해안을 볼 수 없을 수도 있다.)

A negotiated settlement might yet be possible.

Like the best stories, this one may yet have a happy end.

Few aspects of the current situation in Iraq could yet be considered "good".

⑤의 예

Prices were cut yet again.

(가격이 또다시 [한 번] 인하되었다.)

I realized yet again just how precious a family is.

(나는 가족의 소중함을 새삼스레 깨달았다.)

We are being asked yet again to sign a blank cheque.

(우리는 다시 한 번 백지 수표에 서명해 달라는 부탁을 받고 있다.)

It is plain to see we will not have anything to eat yet again.

(우리가 다시 한 번 먹을 어떤 것을 갖지 못할 것이라는 사실을 아는 것은 분명하다.)

The opening of the fourth nightclub appears to have been delayed yet again.

I have money more and yet more.

(나는 아직도 더 돈이 있다.)

A yet more eminent one did so recently.

(더 저명하신 분이 최근에 그렇게 하셨죠.)

Yet more tears arrived in the corners of his eyes.

(여전히 그의 눈가에는 더 많은 눈물이 흘렀다.)

Joyriding sometimes leads to yet more serious crime.

(훔친 차를 타고 돌아다니는 것은 가끔 더욱 더 심각한 범죄로 이어진다.)

However, the weekend has brought yet more very wet weather across the country.

This is yet another reason to be cautious.
(그들은 이제 또 하나의 마약 문제를 더 다루어야 한다.)
Many people are sick of going on yet another diet!
(많은 사람들은 다른 식이요법을 계속 하다 넌더리가 난다!)
Reports are now coming in of trouble at yet another jail.
(또 다른 감옥에서도 문제가 발생했다는 보고가 지금 들어오고 있다.)
All you told me was that he'd smashed up yet another car.
(네가 내게 말한 것이라고는 그가 또 다른 차를 들이받았다는 것뿐이었다.)
This is yet another human error that creates a major problem.

⑥의 예
Is the best yet to come?
(지금까지 있은 것 가운데 가장 좋은 순간은 아직 오지 않았지?)
Her latest novel is her best yet.
(그녀의 최근 소설은 지금까지 있었던 것 가운데 가장 좋은 것이다.)
This is the BBC's worst idea yet.
(이것은 지금까지 있었던 것 가운데 비비시의 최악의 방안이다.)
It was the highest building yet constructed.
(그것은 그때까지 건축된 건물 가운데 가장 높은 것이었다.)
This is the best film I've seen yet.
(이것은 지금까지 본 중에서 최고의 영화이다.)
The coldest season is yet to come.

(본격적인 추위는 이제부터 시작이다.)

THE 2008 Dakar Rally, which should have started last Saturday, was to be the longest yet.

(지난 주 토요일에 시작했어야하는 이천팔 다카르 랠리는 지금까지 있었던 것 가운데 가장 긴 것이었다.)

Martin's latest novel looks like her best yet.

This could turn out to be our costliest mistake yet.

⑦의 예

They would criticize me, or worse yet, pay me no attention.

(그들이 나를 비난할 수도 있고, 아니면 훨씬 더 나쁘게 내게 아무런 주의를 기울이지 않을 수도 있다.)

Worse yet, the catastrophes were more or less unpreventable.

(더욱 나쁜 것은 이 대재앙이 전혀 피할 수 없는 것이었다는 것이다.)

Worse yet, the government is planning to increase major transportation fares in the latter half of the year.

(상황을 한층 악화시키게도 정부는 하반기에 주요 교통 요금을 인상하려고 계획중이다.)

Worse yet, residents nearby some burial sites have complained about environmental contamination.

(설상가상으로 매몰지 주변 주민들은 환경오염으로 인한 불평을 토로하고 있다.)

Worse yet is the person who found a razor blade in their can of tuna, because if left undiscovered, it could have killed.

So privatisation becomes yet more important.

(그래서 민영화는 훨씬 더 중요한 것이 된다.)

Of course, once you do that, patient organisations become yet more important.

(물론, 일단 자네가 그것을 하게 되면 환자 조직은 훨씬 더 중요하게 된다.)

It can perform off-road yet more importantly is just as comfortable on day-to-day driving.

(그것은 도로가 아닌 곳을 달릴 수 있다. 훨씬 더 중요하게 매일 매일 행해지는 운전과 같이 편안하다는 것이다.)

Yet more important than wondering how we got into this mess is to work out how we get out of it.

(우리가 어떻게 해서 이런 혼란에 처하게 되었는지 궁금하게 생각하는 것보다 더 중요한 것은 우리가 어떻게 그런 혼란에서 빠져나오는 지를 해결하는 것이다.

Yet more importantly, it kept Liverpool's hopes alive after their horror show in losing 2-1 to the same side two weeks ago.

Schools need to crack down, yet more importantly, beginning in the middle schools and homes there needs to be more education.

* as (of) yet은 '아직[그때]까지'라는 뜻으로 쓰인다.

Didn't the train arrive as yet?

(아직도 그 기차가 도착하지 않았나요?

Nobody has been injured as yet.

(지금까지 아무도 다치지 않았다.)

The disease is as yet unknown in Europe.

(그 질병은 아직 유럽에서는 발생한 적이 없다.)

As yet little was known of the causes of the disease.

(그 때까지 그 병의 원인은 거의 알려져 있지 않았다.)

A deal is still being worked out, but as yet nothing is finalized.

I haven't spoken to him as of yet.

(나는 아직까지 그에게 말한 적이 없었다.)

Like I said, it's nothing serious as of yet.

(내가 말했듯이, 아직까지는 심각한 일이 없다.)

But as of yet the precise timing of the launch is unclear.

(하지만 아직까지 정확한 발사 일정은 알려지지 않았다.)

As of yet I haven't even filed a preliminary mission report.

(난 아직까지 예비 임무보고에 대한 문서를 보관해본 적이 없다.)

The report remains unfinished as of yet.

* yet는 접속사로 '그렇지만, 그런데도'(=nevertheless)라는 뜻으로도 쓰인다.

I am tired, yet I can't sleep.

(피곤한 데도 나는 잠이 오지 않는다.)

Six years isn't long, yet a lot has happened.

(육 년은 길지 않다. 그렇지만 많은 일이 일어났어.)

It's a small car, yet it's surprisingly spacious.

(이것은 작은 승용차이다. 그렇지만 놀라울 정도로 널찍하다.)

He has a good job, and yet he never seems to have any money.

(그는 좋은 직장에 다닌다. 그런데도 언제나 돈이 없는 것 같다.)

They charge incredibly high prices, yet customers keep coming back for more.

〈until now[till now, up to now, up to this time]의 경우〉

I've stayed up until now.

(지금까지 계속 깨어 있었다.)

Why didn't this happen until now?

(왜 지금까지 이게 일어나지 않았지?)

Until now I have already lived alone.

(지금까지 난 늘 혼자 살아 왔다.)

It has taken until now to pin down its exact location.

(지금까지 계속 그것의 정확한 위치를 찾고 있었다.)

Might I enquire why you have not mentioned this until now?

(왜 지금까지 이런 점을 언급하지 않으셨는지 여쭤 봐도 될까요?)

Up to now he's been very quiet.

(지금까지 그는 아주 조용했다.)

I've been pressed for time up to now.

(지금까지 나는 시간에 쫓겨 왔다.)

This is the third time it's snowed this winter up to now.

(이번 겨울에 지금까지 눈이 내리는 것은 이번이 세 번째이다.)

Up to now the post of president has been largely ceremonial.

(지금까지 대통령직은 주로 상징적이었다.)

Up to now things are working out all right.

I wonder what the sly old fox is up to this time.

(저 능구렁이가 이번에는 무슨 일을 꾸미고 있는지 나는 모르겠다.)

Up to this time money had smoothed away every obstacle.

(지금까지 돈은 모든 장애물을 없애버렸었다.)

He threw off the mask he had been wearing up to this time.

(이 지경이 되자 그는 실토했다.)

Your inexperience has, up to this time, been the sole cause of your failure.

(지금까지 당신의 경험 부족이 실패의 유일한 원인이다.)

Looking at some of these proposals, I wonder what the commission is up to this time.

4 as a whole과 on the whole의 차이

as a whole은 '전체로서, 전체적으로, 총괄하면'이란 뜻이고, on the whole은 '전체[전반]적으로 보아, 대체로'(=generally, considering everything)라는 뜻이다. 이 둘은 겉으로는 크게 차이가 없는 것처럼 보인다. 그렇지만 as a whole은 단일체나 단일 단위로서 고려되는 경우에 쓰이고, on the whole은 일반적으로 말하는 경우에 쓰인다.

〈as a whole의 경우〉

We have voted against the report as a whole.

(우리는 전체적으로 그 보고서에 반대투표를 해왔다.)

This is a major challenge for mankind as a whole.

(이것은 인류 전체에 대한 중대한 도전이다.)

His abilities are not reflective of the team as a whole.

(그의 능력이 그 팀 전체를 반영하는 것은 아니다.)

This festival will be great for our city and for the country as a whole.

(이 축제는 우리 도시와 국가 전체에 굉장한 일이 될 것이다.)

There are some areas of poverty, but the country as a whole is fairly prosperous.

〈on the whole의 경우〉

On the whole, I'm in favor of the idea.

(전반적으로 나는 그 생각에 찬성한다.)

My opinion is on the whole the same as yours.

(제 의견은 대체로 당신과 같습니다.)

On the whole, he did very well in school this year.

(대체적으로 그는 올해 학교성적이 좋았다.)

On the whole, people miss the opportunity to enjoy leisure.

(대체로 사람들은 여가를 즐길 기회를 놓친다.)

On the whole, I can see no reason why you shouldn't apply.

◈ whole은 형용사로서 ① '전체[전부]의, 모든, 온전한', ② 명사 앞에만 쓰여 '〈대단히 많거나 크거나 중요함을 강조할 때 씀〉'과 ③ '(나뉘거나 부서지지 않고) 한 덩어리로[통째로] 된'이란 뜻으로 쓰인다. 그리고 whole은 명사로서 ④ '완전체, 전체'와 ⑤ the whole of sth으로 쓰여 '~의 전체[전부]'라는 뜻으로 쓰인다.

①의 예

Let's forget the whole thing.

(그 일을 모두 잊어버리자.)

He spent the whole day writing.

(그는 온전히 하루를 글을 쓰면서 보냈다.)

She wasn't telling the whole truth.

(그녀는 진실을 전부 말하고 있지 않았다.)

The whole country mourned her death.

②의 예

I can't afford it–that's the whole point.

(나는 그것을 할[살] 여유[형편]가 안 돼. 그게 중요한 요점이야.)

We offer a whole variety of weekend breaks.

(저희는 대단히 다양한 주말 휴가 상품들을 제공합니다.)

Well, there's a whole lot of things that's obvious to me.

(음, 나에겐 분명한 굉장히 많은 것들이 있어.)

In my job I come into contact with a whole range of people.

③의 예

Place a whole onion into the chicken.

(그 닭에게 양파를 통째로 넣어주세요.)

Owls usually swallow their prey whole.

(올빼미는 대개 먹이를 통째로 삼킨다.)

He swallowed the cake whole, without chewing it at all.

(그는 케이크를 씹지도 않고 통째로 삼켰다.)

I ordered a whole bottle of wine, waiter, not a half bottle.

④의 예

Two halves make a whole.

(반이 두 개면 전체가 된다.)

Four quarters make a whole.

(사분의 일이 네 개면 전체가 된다.)

The subject of the curriculum form a coherent whole.

(교육과정의 과목들은 일관성 있는 완전체를 이룬다.)

Taken as a percentage of the whole, the mouth has to be a fairly minor body part.

⑤의 예

The whole of the morning was wasted.

(아침 전부가 낭비되었다.)

The effects will last for the whole of his life.

(그 영향은 그의 생애 전체[평생]에 걸쳐 지속될 것이다.)

His death cast a blight on the whole of that year.

(그의 죽음이 그 해 내내 어두운 그림자를 드리웠다.)

I was cold throughout the whole of my body.

5 수동태에 뒤따르는 다양한 전치사

타인의 도움이나 힘에 의해 행동하게 되는 형태로 되어 있는 글을 수동태(受動態; passive voice)라고 한다. 그러니까 행동의 대상이 주어로 표현된 글이 수동태이다. 수동태에서 타인의 도움이나 힘을 by로 연결되는 것이 일반적이다. 그렇지만 수동태의 모양이지만 by 전치사가 아닌 다른 전치사로 연결되는 경우들이 여럿 있다.

〈가장 일반적인 수동태의 전치사 by〉

It is ruled by its own law.

(그곳은 자체 법에 의해 통치된다.)

She is loved by everybody.

(그녀는 모든 사람들의 호감을 산다.)

The house is heated by gas.

(그 집은 가스로 난방을 한다.)

I was frightened by the noise.

(나는 그 소리에 겁을 먹었다.)

This engine is driven by steam.

(이 기관은 증기로 움직인다.)

He was knocked down by a bus.

(그는 버스에 치였다.)

The nightclub was closed by the police.

(그 나이트클럽은 경찰에 의해 폐업 조치당했다.)

We were rather taken aback by her hostile reaction.

(우리는 적대적인 반응에 깜짝 놀랐다.)

She was totally bewildered by his sudden change of mood.

(그이 갑작스런 기분 변화에 그녀는 완전히 어리둥절했다.)

These measures are strongly supported by environmental groups.

(이들 조치는 환경 단체들의 강력한 지지를 받고 있다.)

He was astonished by his own stupidity.

The course is approved by the Department for Education.

〈전치사 by가 아닌 다른 전치사〉

① about: '(어떤 상황)에 대해'라는 뜻으로 쓰인다.

be annoyed about, be concerned about, be frightened about와 be worried about 등이 있다.

be annoyed about: '…에 대해 짜증이 나다, …에 대해 화가 나다, …에 대해 약이 오르다'라는 뜻이다.

I was annoyed about the matter.

(나는 그 일에 골머리를 앓았다.)

I am so annoyed about your comments.

(나는 너의 논평에 대해 굉장히 짜증이 난다.)

I was a little annoyed about the whole thing.

* be annoyed about과 마찬가지로 be annoyed at와 be annoyed with도 쓰인다.

I was annoyed with myself for giving in so easily.

(나는 그처럼 쉽게 포기한 나 자신이 짜증스러웠다.)

I was so annoyed with him for turning up late that I couldn't speak to him for half an hour.

(나는 그가 늦게 나타나서 그와 삼십 분 동안 그에게 말할 수 없어서 몹시 짜증이 났다.)

I'm so annoyed with her that I haven't been near her for a week.

I bet she was annoyed at having to write it out again.

(그 것을 완전히 다시 써야 했으니 그녀가 틀림없이 짜증이 났을 거야.)

Mother is annoyed at Caleb's rudeness, but I can forgive it.

(어머니께서는 칼렙의 무례함을 언짢아하시지만, 나는 그것을 용서할 수 있다.)

He was annoyed at the way she tried to take over the whole meeting.

be concerned about: '…에 대해 걱정[염려]한다'라는 뜻이다.

We're concerned about rising gas price.

(우리는 휘발유 가격 상승에 대해 염려하고 있다.)

He is concerned about his mother's sickness.

(그는 어머니가 편찮으셔서 걱정이다.)

He is concerned about the results of the examination.

be frightened about: '…에 대해 겁을 먹다, …을 무서워하다'라는 뜻이다.

You don't need to be so frightened about it.

(그것에 대해 너무 겁먹지 않아도 돼.)

You're genuinely frightened about being sick.

(너는 아플까봐 진심으로 무서워하고 있어.)

I was nervous and frightened about the future.

be worried about: '…에 대해 걱정한다'라는 뜻이다.

I'm worried about your health.

(나는 네 건강을 걱정하고 있어.)

I'm worried about interest rates.

(저는 이자율이 신경 쓰입니다.)

I'm just worried about what he'd do to win.

② at: '(어떤 정보)…에'라는 뜻으로 쓰인다.

be alarmed at, be amazed at, be delighted at, be disappointed at, be disgusted at, be pleased at, be puzzled at, be shocked at와 be surprised at 등이 있다.

be alarmed at: '…에 놀라다, 불안해하다, 두려워하다'라는 뜻이다.

I was alarmed at the news.

(나는 그 소식에 놀랐다.)

She was alarmed at the prospect of travelling alone.

(그녀는 혼자 여행을 해야 할지도 모른다는 생각에 두려웠다.)

They must be alarmed at the power of this free nation.

be amazed at: '…에 (대단히) 놀라다'라는 뜻이다.

I'm amazed at what's going on.

(나는 일어나고 있는 일에 너무 놀랍다.)

I was amazed at her knowledge of French literature.

(나는 프랑스 문학에 대한 그녀의 지식에 놀랐다.)

You'll definitely be amazed at the remarkable results.

* be amazed at와 비슷하게 be amazed by도 쓰인다.

They were amazed by almost everything they saw.

(그들은 보는 것마다 놀라고 있었다.)

Most of the cast was amazed by the play's success.

(그 연극의 성공에 출연진 대부분이 깜짝 놀랐다.)

She was amazed at how calm she felt after the accident.

be delighted at: '…를[에] 기뻐하다'라는 뜻이다.

She was delighted at the result.

(그녀는 그 결과에 기뻐했다.)

She was delighted at the news of the wedding.

(그녀는 그 결혼 소식에 무척 기뻤다.)

Prime Minister Tony Blair said he was delighted at the impending marriage.

* be delighted at 뿐만 아니라 be delighted by도 쓰인다.

He was delighted by the news.

(그는 그 소식에 기뻐했다.)

He was much delighted by this idea.

(그는 이 아이디어에 무척 기뻐했다.)

Bush was clearly delighted by the attention.

be disappointed at: '…에 실망[낙담]하다'라는 뜻이다.

We are disappointed at the result of the election.

(우리는 선거의 결과에는 우리는 낙담했다.)

He was disappointed at not getting the job, but he'll get over it.

(그는 그 직장을 잡지 못해서 실망했지만 괜찮아질 것이다.)

I am very disappointed at your reporting on this movie

* be disappointed~은 be disappointed at만 있는 것이 아니라, be disappointed by, be disappointed in과 be disappointed with가 있기 때문에 전치사의 쓰임새에 보다 더 주의를 기울여야 한다.

She was disappointed by his lack of initiative.

(그녀는 그가 독창력이 부족한 데 실망했다.)

I was disappointed by the quality of the wine.

(나는 그 포도주의 품질에 실망했다.)

I was very disappointed in my friends.

(나는 내 친구에게 무척 실망했다.)

He was disappointed in his position at the bank.

(그는 은행에서의 자기 지위에 실망했다.)

I was very disappointed with myself.

(난 나 자신에게 몹시 실망했다.)

They were understandably disappointed with the result.

(그들은 당연히 그 결과에 실망했다.)

I was disappointed in the quality of the food.

His parents were bitterly disappointed with him.

Arnold said he was deeply disappointed by the verdict.

be disgusted at: '…에 넌더리가 나다, …으로 메스꺼워지다, 역겨워하다'라는 뜻이다.

I was disgusted at the sight.

(나는 그 모습이 역겨웠다.)

He was disgusted at the length of time he had to wait.

(그는 기다려야 하는 그 긴 시간이 진절머리 났다.)

I'm quite disgusted at the way he's treated you.

＊ be disgusted at 뿐만 아니라 be disgusted by도 쓰인다.

I am disgusted by his habit of lying.

(나는 그의 습관적인 거짓말에 몸서리가 난다.)

I was disgusted by the way he treated those women.

(나는 그가 저 여자들을 대하는 태도에 역겨웠다.)

I was absolutely disgusted by the whole business.

be pleased at: '…에 [를] 기뻐하다'라는 뜻이다.

His parents were pleased at his success.

(그의 부모님께서는 그의 성공을 기뻐했다.)

She was none too pleased at having to do it all again.

(그녀는 그것을 모두 다시 해야 하는 것에 화가 났다.)

I'm very pleased at all the changes within you.

＊ be pleased at와 함께 be pleased with('…에 만족하다, 기뻐하다')도 쓰인다.

Are you pleased with the result?

(당신은 그 결과에 만족하세요?)

The boss should be pleased with you.

(사장님이 당신에 대해 만족해하실 겁니다.)

I took a long time to complete the work, but I'm very pleased with the results.

be puzzled at: '…에 어리둥절 하다, 당혹해 하다, 당황하다'라는 뜻이다.

I was somewhat puzzled at his unwillingness to help.

(그가 도와주는 것을 꺼려하는 것에 나는 약간 당황해 했다.)

The child was clearly puzzled at being addressed in such a grown-up way.

(그렇게 어른을 대하듯 말을 걸어오는 것에 그 아이는 표가 나게 어리둥절해 했다.)

I'm still very puzzled at the campaign tactics of the Clinton campaign.

* be puzzled로도 쓰인다.

I was puzzled what to do.

(나는 어쩌면 좋을지 낭혹했다.)

At first, I was puzzled, but then I felt happy about it.

(처음엔 무척 당황스러웠죠. 하지만 기쁘기도 했어요.)

I'm puzzled that I haven't heard from Liz for so long.

be shocked at: '…에 충격을 받다'라는 뜻이다.

I was shocked at the swearing.

(나는 그 욕을 듣고 충격을 받았다.)

He was shocked at how often she used the F-word.

(그는 그녀가 너무나 자주 욕설을 하는 것에 충격을 받았다.)

We were shocked at the size of his debts.

be surprised at: '…에 놀라다'라는 뜻이다.

I was surprised at how quickly she agreed.

(그녀가 너무도 빨리 동의를 해서 난 놀랐다.)

She was surprised at the urgency in his voice.

(그녀는 그의 목소리가 다급한 데 놀랐다.)

I was surprised at you, behaving like that in front of the kids.

* be surprised at만 되는 것이 아니라 be surprised by도 쓰인다. 그렇기 때문에 be+과거분사는 기계적인 이해 보다 전치사와 연결하여 생각해 보는 것도 중요하다.

She was surprised by the book's success.

(그녀는 그 책의 성공에 놀랐다.)

I was surprised by the strength of her feelings.

(나는 그녀가 느끼는 감정의 강도에 놀랐다.)

They were surprised by the enemy.

③ in: '(어떤 대상) …에'라는 뜻이다.

be disappointed in, be engaged in, be experienced in, be interested in, be justified in과 be mistaken in 등이 있다.

be disappointed in: '…에(게) 실망하다, …에(게) 낙담하다'라는 뜻이다.

I was very disappointed in my friends.

(나는 내 친구에게 무척 실망했다.)

You should have accepted that. I'm disappointed in you.

(그것을 받았어야지. 난 네게 실망했다.)

I promise you won't be disappointed in our first concert!

be engaged in: …으로 바쁘다, …에 종사하다'라는 뜻이다.

He is engaged in foreign trade.

(그는 해외 무역에 종사하고 있다.)

She is engaged in newspaper work.

(그녀는 신문 업무에 종사하고 있습니다.)

He was deeply engaged in his writing for many months.

be experienced in: '…에 경험이 있다'라는 뜻이다.

She is richly experienced in this area.

(그녀는 이 방면에 경험이 풍부하다.)

He's very experienced in looking after animals.

(그는 동물들을 보살피는 데 아주 능숙하다.)

We are experienced in the placement of sales personnel.

be interested in: '…에 관심[흥미]가 있다'라는 뜻이다.

He didn't seem to be interested in me.

(그는 나에게 관심이 없는 거 같아.)

He only seems to be interested in personal gain.

(그는 오로지 자신의 개인적 이익에만 관심이 있는 것 같다.)

I thought she might be interested in Paula's proposal.

be justified in: '정당화되다, 마땅하다, 당연하다'라는 뜻이다.

He was justified in doing so.

(그가 그렇게 하는 것은 당연하다.)

That contention can be justified in two ways.

(저 주장은 두 가지 방법에서 정당화 될 수 있다.)

He was fully justified in leaving the matter untouched.

be mistaken in: '…은 잘못이다, 틀리다'라는 뜻이다.

You were mistaken in assuming it.

(당신이 그렇게 상정한 것은 잘못이었다.)

The lawyer put it to his client that he may be mistaken in thinking of.

(변호사는 의뢰인에게 그가 잘못 생각한 걸 수도 있다고 지적했다.)

Sylvia is mistaken in thinking Ted's argument to be fallacious, and so her own conclusion is unwarranted.

④ of: '…을[를]'이라는 뜻이다.

be convinced of와 be scared of 등이 있다.

be convinced of: '…을[를/라고] 확신하다'라는 뜻이다.

I can't be convinced of his words.

(나는 그의 말에 확신을 가질 수가 없어.)

The lawyer is convinced of his innocence.

(그 변호사는 그의 결백을 확신하고 있다.)

We are all convinced of the usefulness of this exercise, of course.

be scared of: '…을[를] 무서워하다'라는 뜻이다.

He's scared of heights.

(그는 높은 곳을 무서워한다.)

I'm scared of the dark. I'm a big chicken.

(나는 어두운 걸 무서워 해. 진짜 겁이 많지.)

Do not be scared of me.

⑤ to :…에[에게]나 …와'라는 뜻이다.

be accustomed to, be engaged to, be inclined to, be known to, be opposed to 와 be sent to 등이 있다.

be accustomed to: '…에 익숙하다'라는 뜻이다.

I'm not accustomed to making a speech in public.

(나는 사람들 앞에서 이야기하는 것에 익숙하지 않다.)

She was a person accustomed to having eight hours' sleep at night.

(그녀는 하룻밤에 여덟 시간을 자는 데 익숙한 사람이었다.)

In those days I was accustomed to taking a short walk before breakfast.

* be 동사와 함께 쓰이면 상태를, get, become과 grow와 함께 쓰이면 동작을 강조한다.)

My eyes slowly grew accustomed to the dark.

(내 눈이 서서히 어둠에 익숙해졌다.)

As time went along I grew accustomed to dealing with them.

(시간이 지남에 따라 내가 그들을 대하는데 익숙해졌다.)

I've grown accustomed to her face.

We have become accustomed to buying cheap.

(우리는 값 싼 구매에 익숙해져 있어.)

Sophia will have to become accustomed to a very different lifestyle.

(소피아는 전혀 새로운 생활 방식에 익숙해져야만 할 것이다.)

She had not yet become accustomed to the fact that She was a rich woman.

David has to get accustomed to the equatorial climate.

(데이비드는 적도 기후에 익숙해져야 한다.)

At first, it gives a wearer a little cold feeling, but he or she soon gets accustomed to the cool vest.

(처음에, 이것은 착용자에게 약간의 차가운 느낌을 주지만, 그러나 그녀는 곧 그 시원한 조끼에 익숙해집니다.)

I got accustomed to being the only child at a table full of adults.

be engaged to: '…와 약혼하다'라는 뜻이다.

They are engaged to be married.

(그들은 결혼하기로 약속한 사이이다.)

My daughter is engaged to a lawyer.

(내 딸은 변호사와 약혼했다.)

She was, until last summer, engaged to be married to him.

be inclined to: '…을[를] 하고 싶다, (마음이) 내키다, ~하는 경향이 있다, ~할 것 같다'라는 뜻이다.

He's inclined to be lazy.

(그는 게으른 경향이 있다.)

She was inclined to trust him.

(그녀는 그를 믿고 싶었다.)

They'll be more inclined to listen if you don't shout.

be known to: '…에게 알려지다'라는 뜻이다.

Eric is known to everybody in this town.

(에릭은 이 마을의 모든 사람들에게 알려져 있다.)

The drug is known to produce side effects in women.

(그 약은 여성들에게 부작용을 낳는 것으로 알려져 있다.)

He has been known to spend all morning in the bathroom.

be opposed to: '…에 반대하다'라는 뜻이다.

They are violently opposed to the idea.

(그들은 이 생각에 극심히 반대하고 있다.)

His family were adamantly opposed to the marriage.

(그의 가족들이 요지부동으로 그 결혼에 반대했다.)

The populace at large are opposed to sudden change.

be sent to: '…에게 보내지다'라는 뜻이다.

The papers are sent to external examiners.

(그 논문들은 외부 심사 위원들에게 보내졌다.)

They were sent to the British Museum for further analysis.

(그것들은 더 많은 분석을 위해 대영 박물관으로 보내졌습니다.)

So far approximately 500 ounces of donated breast milk have been sent to Haiti.

⑥ with: '…로, …(상황)과 함께'라는 뜻으로 쓰인다.

be annoyed with, be bored with, be covered with, be delighted with, be depressed with, be disappointed with, be disgusted with, be dismayed with, be distressed with, be enhanced with, be excited with, be exhausted with, be horrified with, be impressed with, be intoxicated with, be obsessed with, be occupied with, be overcome with, be pleased with, be satisfied with와 be upset with 등이 있다.

be annoyed with: '…에(게) 짜증이 나다, 속상해 하다'라는 뜻이다.

He's really annoyed with them.

(그는 그들 때문에 속상해 하고 있다.)

I was annoyed with myself for giving in so easily.

(나는 그처럼 쉽게 포기한 나 자신이 짜증스러웠다.)

She is annoyed with me because I spilled coffee on her dress.

be bored with: '…에 지루해 하다, 따분해 하다'라는 뜻이다.

He is bored with his job.

(그는 그의 직업에 싫증을 느낀다.)

I'm bored with that kind of movie.

(나는 그런 영화는 싫증이 난다.)

She had begun to be a little bored with novel writing.

be covered with: '…으로 가득 차 있다'라는 뜻이다.

The desk was covered with papers.

(그 책상이 서류로 뒤덮여 있었다.)

The ground was covered with snow,

(그 땅바닥이 눈으로 뒤덮여 있었다.)

They also require thirty percent of cigarette packs to be covered with health warnings.

be delighted with: '…에[을] 아주[무척] 기뻐[즐거워] 하다'라는 뜻이다.

I was delighted with my presents.

(나는 선물들을 받고 정말 기뻤다.)

I believe he was fair, and I'm delighted with the decision.

(나는 그가 공정 했다고 믿고, 그 결정에 기쁘다.)

Faulkner was delighted with the prospects of becoming a chief engineer.

* be delighted with와 거의 같은 뜻으로 be delighted at와 be delighted by도 쓰인다.

She was delighted at the result.

(그녀는 그 결과에 기뻐했다.)

She was delighted at receiving so many letters of congratulation.

(그녀는 그렇게 많은 축하 편지를 받고 몹시 기뻐했다.)

The company is delighted at the response to its advertisement.

Everybody was delighted by the news.

(모두 그 소식에 기뻐했다.)

She was delighted by the news of the wedding.

(그녀는 그 결혼 소식에 무척 기뻤다.)

I was delight by your news.

be depressed with: '…에 대해 (기분이) 우울하다[암울하다]'라는 뜻이다.

She was depressed with her standards.

(그녀는 도덕규범에 대해 우울했다.)

How can you be depressed with all this beautiful church music playing?

(이 모든 아름다운 교회 음악이 연주되는데 당신은 어떻게 우울할 수 있나요?)

We were very depressed with the poor response from parents.

be disappointed with: '…에 실망하다, 낙담하다'라는 뜻이다.

I was very disappointed with myself.

(나는 나 자신에게 몹시 실망했다.)

He was disappointed with last month's profits.

(그는 지난달 수익에 실망했다.)

They were understandably disappointed with the result.

* be disappointed with와 비슷하게 be disappointed at, be disappointed by와 be disappointed in도 쓰인다.

We were disappointed at the news.

(우리는 그 소식을 듣고 실망했다.)

They were bitterly disappointed at the result of the game.

(그들은 그 경기 결과에 몹시 낙담했다.)

I am very disappointed at not getting the job.

She was disappointed by his lack of initiative.

(그녀는 그가 독창력이 부족한 데 실망했다.)

I was disappointed by the quality of the wine.

(나는 그 포도주의 품질에 실망했다.)

Our hopes for a picnic were disappointed by the rain storm.

You should have accepted that. I'm disappointed in you.

(넌 그것을 받았어야지. 네게 실망했다.)

I'm disappointed in you–I really thought I could trust you.

(난 네게 실망했어. 정말 넌 믿을 수 있다고 생각했는데.)

You should have accepted that. I'm disappointed in you.

be disgusted with: '…에 염증이 나다, 넌더리가 나다, 역겨워 하다, 혐오감을 느끼다'라는 뜻이다.

I'm disgusted with the way that he was treated.

(그가 받은 처우에 대해 나는 역겨움을 느낀다.)

I was disgusted with myself for eating so much.

(나는 그렇게 많이 먹어 대는 내 자신이 혐오스러웠다.)

I'm disgusted with him for being crazy about money.

* be disgusted with와 비슷하게 be disgusted at와 be disgusted by도 쓰인다.

I was disgusted at the sight.

(나는 그 모습이 역겨웠다.)

I am quite disgusted at his stupidity.

(그 녀석이 미련한 데 대해 나는 넌더리가 난다.)

I'm disgusted at the way they treat their children.

I am disgusted by his habit of lying.

(나는 그의 습관적인 거짓말에 몸서리가 난다.)

As might have been expected, he was disgusted by the news.

(아니나 다를까 그는 그 소식에 언짢아 했다.)

The neighbors are disgusted by the smell from his pigs.

be dismayed with: '…에 대해 경악하다, 크게 실망하다'라는 뜻이다.

I have never been so dismayed with politics.

(나는 정치에 대해 그토록 실망했던 적은 없었다.)

I was dismayed with the footage of the Queen.

(나는 그 여왕의 행보에 대해서 실망했다.)

Someone who gains weight may be dismayed with their new shape and may get criticized or ridiculed.

* be dismayed with와 비슷하게 be dismayed at와 be dismayed by도 쓰인다.

He was dismayed at the change in his old friend.

(그는 자신의 옛 친구가 변한 모습에 경악했다.)

He was dismayed at the cynicism of the youngsters.

(그는 청년들의 냉소주의에 당혹스러워했다.)

He was dismayed at the cynicism of the youngsters.

Many people were dismayed by the sight.

(많은 사람들이 그 광경에 놀랐다.)

The committee was dismayed by what it had been told.

(위원회는 전달된 소식을 듣고는 당혹해 했다.)

They enjoyed the meal but were a bit dismayed by the bill.

be distressed with: '괴로워[고통스러워] 하다'라는 뜻이다.

He is distressed with debts.

(그는 빚으로 고통을 받고 있다.)

He's distressed with a life sentence.

(그는 종신형으로 고통스러워 하고 있다.)

As a socialist I am extremely distressed with what is happening with this country.

be enhanced with: '(좋은 점 · 가치 · 지위가) 높아지다[향상되다]'라는 뜻이다.

It is he whose reputation has been enhanced with retirement.

(은퇴로 명성이 향상된 사람은 그다.)

The website has also recently been enhanced with "Real life economist" blogs.

(그 웹사이트는 또한 최근에 "실물 경제학자" 블로그로 향상되었다.)

A status that will no doubt be enhanced with the news that Tony and Cherie Blair are visiting.

be excited with: '…에[으로] 신이 나다, …에 대해 흥분하다, 들떠다'라는 뜻이다.

He was excited with joy at the success.

(그는 성공한 기쁨으로 흥분하고 있었다.)

Many Asian fans were excited with their favorite girls' performances.

(많은 아시아 팬들이 그들이 가장 좋아하는 소녀들의 퍼포먼스에 환호했다.)

Willa was excited with this change, because she was free to roam outdoors.

* be excited with와 같은 뜻으로 be excited about과 be excited at도 쓰인다.

She's always excited at this time of year.

(그녀는 항상 연중 이맘 때에 신이 나 있다.)

I'm really excited at the prospect of working abroad.

(나는 해외에서 근무할 생각에 정말 신난다[흥분하다].)

He's excited at the prospect of showing his work in New York.

My family is really excited about the trip.

(우리 가족은 여행에 대한 기대에 부풀었어.)

The children were excited about opening their presents.

(아이들은 선물을 열어 보느라 신이 나 있었다.)

She is excited about going on vacation.

be exhausted with: '기진맥진하다, 진이 다 빠지다, 탈진하다'라는 뜻이다.

I am exhausted with toil.

(나는 노동으로 지쳤다.)

I'm getting exhausted with this stuff.

(우리는 이 일들로 기진맥진해진다.)

I was exhausted with lack of sleep and worry and life was a continual round of visits to hospitals.

be horrified with: '…에 몸서리치다, 소름끼치다'라는 뜻이다.

It was horrified with what it found.

(그것이 찾은 것으로 소름이 끼쳤다.)

I did it because I was horrified with the allegations.

(그 혐의로 몸서리쳐졌기 때문에 그것을 했다.)

I was horrified with Greenpeace's reaction to the review.

be impressed with: '…에 감명[감동]을 받다, 인상 깊게 여겨지다'라는 뜻이다.

I was impressed with his speech.

(나는 그의 연설에 감명을 받았다.)

I was impressed with his deep sincerity.

(나는 그의 깊은 진실성에 감명을 받았다.)

You'll be impressed with the brightness and the beauty of the colors.

be intoxicated with: '…에 도취되다, 몹시 들뜨다'라는 뜻이다.

She was intoxicated with success.

(그녀는 성공에 도취되어 있었다.)

He is intoxicated with his own power.

(그는 자신의 권력에 도취되어 있다.)

His companions were intoxicated with delight, in view of again returning to France.

be obsessed with: '…에 사로잡혀 있다, …생각만 하게[…에 집착하게] 되다' 라는 뜻이다.

She's completely obsessed with him.

(그녀의 머릿속은 온통 그 사람[남자] 생각뿐이다.)

He was petty-minded and obsessed with detail.

(그는 마음이 좁고 사소한 부분에 집착했다.)

Nowadays, children are obsessed with smart phone games.

be occupied with: '…으로[하기에] 바쁘다, 열중하다'라는 뜻이다.

Only half her time is occupied with politics.

(그녀의 시간은 절반만 정치에 할애된다.)

She is completely occupied with preparing food.

(그녀는 음식을 장만하느라 여념이 없다.)

He is occupied with other problems at the moment.

be overcome with: '(… 때문에) 꼼짝 못하게 되다, 압도 당하다'라는 뜻이다.

I was overcome with a feeling of nausea.

(나는 메스꺼움이 치밀어 올랐다.)

Her parents were overcome with grief at the funeral.

(그녀의 부모는 장례식 때 슬픔을 가누지 못했다.)

The dead woman had been overcome by smoke.

* be overcome with와 함께 be overcome by도 쓰인다.

He was then overcome by a terrible fit of coughing.

(그리고 나서 그는 심한 기침 발작으로 맥을 못 췄다.)

The night before the test I was overcome by fear and despair.

(시험 보기 전날 밤 나는 두려움과 자포자기한 심정에 압도당했다.)

The residents were trying to escape from the fire but were overcome by smoke.

be pleased with: '…에 기뻐하다, …에 만족해하다'라는 뜻이다.

The boss should be pleased with you.

(사장님이 당신에 대해 만족해하실 겁니다.)

I'm sure you'll be pleased with our product.

(우리 제품에 당신이 만족하시리라 저는 확신합니다.)

Mr. Singh said he was pleased with the outcome.

be satisfied with: '…에 만족하다'라는 뜻이다.

I'm satisfied with my new job.

(나는 내 새로운 일에 만족한다.)

Many people were not satisfied with the pace of change.

(많은 사람들이 변화의 속도에 만족하지 못했다.)

She was satisfied with the new apartment.

be upset with: '…에(게) 못마땅해 하다, 속상해 하다'라는 뜻이다.

I was upset and angry with Tony.

(나는 토니에게 속상하고 화나 있었다.)

Are you upset with this arrangement?

(당신은 이번 합의에 속상하십니까?)

I was upset with my dog spilling food over the floor.

6 in common과 in general의 차이

in common은 ① '공통으로, 공통적으로'와 ② '공동으로'란 뜻으로, in common이 '공통으로, 공통적으로'라는 뜻으로 쓰이는 경우에는 어떤 사람과 똑같은 배경, 관심과 취향 등을 갖고 있는 경우에 쓰인다. in general은 ① '전반적으로'와 ② '보통, 대개'라는 뜻으로, in general이 '전반적으로'라는 뜻으로 쓰이는 경우에는 대부분의 상황에서 어떤 것이 일어나거나 같을 때 쓰인다.

〈in common의 경우〉

We humans have much in common with them.

(우리 인간은 그들과 공통점이 많다.)

All successful people have one thing in common.

(성공적인 사람들은 모두 한 가지 공통점을 갖고 있다.)

She had no tastes or views in common with them.

(그녀는 그들과 공통된 취향이나 견해가 전혀 없다.)

All they have in common is they are not afraid to die.

(그들 모두가 가진 공통점은 그들이 죽음을 두려워하지 않는다는 것이다.)

I'm sure the marriage won't last. They've got nothing in common.

* in common가 '공동으로'라는 뜻으로도 쓰인다.

He had very little in common with his sister.

(그는 자기 누이와 공동으로 갖고 있는 것이 거의 없었다.)

They hold the property as tenants in common.

(그들이 그 소유지에 대해 공동 세입자로 되어 있다.)

We were advised to become tenants in common.

(우리는 공동 세입자가 될 것을 조언 받았다.)

It seems he shares a bit more than phone records in common.

* in common with sb/sth이 격식을 차리는 경우에 '~와 마찬가지로'라는 뜻으로도 쓰인다.

In common with his brother, he became a lawyer.

(그의 형과 마찬가지로 그는 변호사가 되었다.)

We must consider that in common with everything else.

(우리는 다른 모든 것과 마찬가지로 그것을 고려해야 한다.)

That system, in common with the others, is proceeding well.

(그 제도는, 다른 것들과 마찬가지로, 잘 진행되고 있다.)

Britain, in common with many other industrialized countries, has experienced major changes over the last 100 years.

* 둘 혹은 더 많은 사람들이 공통점을 갖고 있다는 표현은 have (got) something in common (with sb)('(사람들이) (관심사·생각 등을) 공통적으로 지니다')으로 나타낸다.

Tim and I have nothing in common.

(= I have nothing in common with Tim.)

(팀과 나는 공통되는 게 하나도 없다/나는 팀과 공통적인 게 하나도 없다.)

It was becoming painfully obvious that the two of them had nothing in common.

(그들 둘에게 공통점이 없다는 사실이 골치 아프게 되어가고 있었다.)

Actually, you have a lot in common with him.

(사실, 당신은 그와 많은 공통점이 있다.)

I no longer have anything in common with my lawyer friends.

(나는 더 이상 내 변호사 친구들과 아무것도 공통적으로 지니고 있는 게 없다.)

I hardly ever talk to my brother; we just don't have anything in common.

We've moved in the same circles over the last ten years and so we have a great deal in common.

* have sth in common (with sth)는 '(물건들이나 장소들 등이) (특징 등으로 공통적으로 지니다'라는 뜻으로 쓰인다.

The two cultures have a lot in common.

(그 두 문화는 공통되는 것이 많다.)

They have nothing in common with cells.

(그것들은 세포와 공통점이 전혀 없다.)

Jazz and classical music have a number of things in common.

(재즈와 고전 음악은 많은 것들을 공통점으로 갖고 있다.)

The oboe and the clarinet have certain features in common.

* it is common+for sb to do sth의 형식으로 쓰이지 it is common that~의 형식으로 쓰이지 않는다.

It's common for people to sweat a lot there.

(사람들은 그곳에서 땀을 많이 흘리게 된다.)

It's now common for people to wear masks.

(이제 사람들이 마스크를 쓰는 것은 흔한 일이 되었다.)

It is quite common for small children to wet their beds.

(어린 아이가 잠자리에 오줌을 싸는 것은 아주 흔하다.)

In the past it was common for women to stay at home.

◈ common은 형용사로서 ① '흔한', ② 주로 명사 앞에 쓰여서 '공동의, 공통의', ③ 명사 앞에만 쓰여서 '보통의, 평범한'과 ④ 못마땅하게 쓰여 '천한, 저속한'(=vulgar)이란 뜻으로 쓰인다.

①의 예

Jackson is a common English name.
(잭슨은 흔한 영어 이름이다.)
Some birds which were once a common sight are now becoming rare.
(한 때는 흔하게 볼 수 있던 일부 새들이 이제는 희귀해져 가고 있다.)
Breast cancer is the most common form of cancer among women in this country.

②의 예

This decision was taken for the common good.
(이 결정은 공공의 이익을 위해 내려졌다.)
They share a common interest in photography.
(그들은 공통적으로 사진에 관심을 지니고 있다.)
We are working together for a common purpose.

③의 예

It is beyond the power of a common mortal.
(그것은 보통 사람의 힘으로는 할 수 없다.)
In most people's eyes she was nothing more than a common criminal.
(대부분 사람들의 눈에는 그녀가 그냥 보통 범죄자에 지나지 않았다.)
Shakespeare's work was popular among the common people in his day.

④의 예

He's so common.

(그는 아주 저속해.)

She thought he was very common and uneducated.

(그녀는 그가 대단히 저속하고 못 배운 사람이라고 생각했다.)

She is very common; she needs to be taught some manners.

* common이 명사로 쓰여 ① '(한 도시나 마을에서 넓게 트인) 공유지, 공원'과 ② '(학교 등의) 식당'이란 뜻으로 쓰인다. 그리고 the Commons(=the House of Commons)는 '(영국·캐나다의) 하원, 하원 의사당'으로 뜻이다.

①의 예

We went for a walk on the common.

(우리는 공원으로 산책을 갔다.)

Every Saturday John went riding on the village common.

(매주 토요일 존은 마을 공유지에 말을 타러 갔다.)

We are warning women not to go out on to the common alone.

②의 예

The commons is next to the gym.

(식당은 체육관 옆에 있다.)

It is not the solution to all the problems of commons.

(그것이 식당의 모든 문제에 대한 해결책은 아니다.)

There is a big tree in front of the commons.

〈in general의 경우〉

in general은 ① '보통, 대개'와 ② '전반적으로'라는 뜻으로 쓰인다.

①의 예

The movie was dark and gloomy in general.

(영화는 전반적으로 어둡고 음울했다.)

I'd say it's a nice house in general, wouldn't you?

(전반적으로 괜찮은 집인 것 같은데, 넌 어때?)

Firstly, changes are needed in our penal system in general.

(먼저, 전반적으로 형벌제도의 변화가 필요하다.)

This is a crucial year for your relationship in general and your love life in particular.

(올해는 당신의 전반적인 인간관계와 특별하게는 당신의 애정 생활에 있어서 아주 중요한 한 해이다.)

The movie was dark and gloomy in general.

②의 예

In general, women live longer than men.

(일반적으로, 여자들이 남자들보다 더 오래 산다.)

You're a great deal too apt to like people in general.

(넌 대체적으로 사람들을 너무 쉽게 좋아하는 경향이 있다.)

In general, every achievement requires trial and error.

(일반적으로 모든 업적은 시행 착오를 거치게 된다.)

In general, Japanese cars are very reliable and breakdowns are rare.

(보통 일본 자동차는 아주 믿을 만하고 고장이 드물다.)

Students in general have very little money to spend on luxuries.

◈ general은 형용사로서 ① '(거의 모든 사람·사물 등에 해당되는) 일반[보편/전반]적인', ② 주로 명사 앞에 쓰여 '보통의, 일반적인', ③ '대강의, 대체적인'(=overall), ④ '대략적인[대충의]', ⑤ '(특정 주제·용도에 국한되지 않은) 종합적인', ⑥ '전신의, 전면적인'과 ⑦ 명사 앞에만 쓰여 (또한 General 명사 뒤 General의 형태로) '(직급을 나타내어) 총…[…장]'이란 뜻으로 쓰인다.

①의 예

The bad weather has been fairly general.

(거의 전 지역에 걸쳐 안 좋은 날씨가 계속되고 있다.)

There is a general belief that things will soon get better.

(사정이 곧 좋아지리라는 것이 전반적인 생각이다.)

The general opinion is that the conference was a success.

(그 대회가 성공적이었다는 것이 일반적인 견해이다.)

There is a general consensus among teachers about the need for greater security in schools.

②의 예

There is one exception to this general principle.

(이 총칙에 한 가지 예외가 있다.)

This opinion is common among the general people.

(이런 여론이 보통 사람들 사이에서 공통적이다.)

As a general rule he did what he could to be helpful.

(보통은 그가 도움이 되기 위해 할 수 있는 일을 했다.)

The common belief was that men should be aggressive and work outdoors while women should be passive and stay indoors.

③의 예

I know how it works in general terms.

(그것이 어떻게 운영되는지 내가 대강은 안다.)

They gave a general description of the man.

(그들이 그 남자에 대해 대강 묘사를 해 주었다.)

I check the bookings to get a general idea of what activities to plan.

(나는 계획해야 할 활동들에 대해 대강 생각을 정리하려고 예약 사항을 검토한다.)

I want to put across the general idea rather than the details.

④의 예

The general effect of this picture appeals to me.

(이 그림의 대략적인 느낌이 좋다.)

They fired in the general direction of the enemy.

(그들은 대충 적이 있는 방향을 향해서 사격을 가했다.)

A right-sided ovarian cyst may produce pain in the same general area as appendicitis.

(오른쪽 난소종양은 대충 맹장염과 같은 부위에 통증을 유발한다.)

I don't know the details but have a general idea of it.

⑤의 예

We shall at this stage keep the discussion fairly general.

(이 단계에서는 논의를 비교적 종합적인 내용으로 할 것이다.)

The injured firefighters were rushed by ambulance to Toronto General Hospital.

(부상당한 소방관들은 구급차에 실려 급히 토론토 종합병원으로 호송되

었다.)

A general education is essential in every case as foundation for any superstructure of technical knowledge.

(교양 교육은 모든 경우에 전문교육의 기초로서 필수적이다.)

Indeed, general hospital beds are three times as expensive as community hospital beds.

⑥의 예

They gave him a general anaesthetic.

(그들은 그에게 전신마취를 했다.)

The general strike paralyzed the whole country.

(총파업으로 전국의 기능이 마비되었다.)

The building was in a general state of disrepair.

(그 건물은 전체적으로 보수가 안 된 상태였다.)

The fighting could escalate into more general war.

⑦의 예

What do you think of the new general manager?

(새로 오신 총지배인에 대해 어떻게 생각하세요?)

He is in charge of the general affairs department.

(그는 총무부의 책임자이다.)

I turn to the role of the Attorney General.

(나는 법무장관의 역할을 한다.)

The UN secretary general seconded the appeal for peace.

(유엔 사무총장은 평화를 위한 호소를 지지했다.)

The U.S. Surgeon General opened the report to the public.

(미국 연방 정부 의무감은 이 같은 내용의 보고서를 공개했다.)

The Secretary-General was asked to mediate in the dispute.

(유엔 사무총장이 그 분쟁을 조정해 달라는 요청을 받았다.)

He joined Sanders Roe, moving on later to become General Manager.

* general이 명사로 '장군'이라는 뜻으로 쓰인다.

He wants to be a general.

(그는 장군이 되고 싶다.)

We couldn't trust the general if he didn't trust us.

(만약 장군이 우리를 믿지 않는다면, 우리도 그를 믿을 수 없다.)

Senators approved the designation of the four-star general by a vote of 78-to-15 today.

(상원은 오늘 대장의 임명안을 찬성 칠십팔 대 반대 십오로 통과시켰다.)

An officer brought the general the dispatches from the battlefront.

익힘문제 1

* 다음 글에서 틀린 부분이 있으면 고쳐 쓰세요.

1. Her husband is alive until now.

2. As a whole, I am very happy here.

3. The letter hasn't arrived until now.

4. He's not very experienced to politics.

5. The plane was flying over enemy ground.

6. I've only been here for two months until now.

7. It's the best hotel that I've stayed at until now.

8. There are so many things in common between us.

9. Until now we have received over sixty applications.

10. Gradually the ground loses the ability to hold water.

11. Zoo officials are concerned with the mother elephant.

12. We were shocked by their terrible working conditions.

13. As a whole, he seems like an intelligent, likable person.

14. Until now their customs and beliefs remain unchanged.

15. They do not have enough food or ground to grow it on.

16. You can't oblige children to study if they don't want to.

17. A shot rang out and one of the men fell on the ground.

18. Eisemann's time was occupied for ordering computer parts.

19. People who suffer from backache often sleep on the ground.

20. In order to pay the hospital bill, it obliged me to sell my car.

21. I think that people in common have good sides and bad sides.

22. It's pretty hard to oblige a kid into eating something he doesn't want to.

23. In Spain it is common that people turn up at your house without warning.

24. The U.S. population, on the whole, is very mobile compared to other countries.

25. We compel to respond to the inaccurate letters that have appeared in your paper.

ANSWERS

1. Her husband is still alive. 2. On the whole, I am very happy here. 3. The letter hasn't arrived yet. 4. He's not very experienced in politics. 5. The plane was flying over enemy territory. * territory는 특별한 나라, 군대나 권력에 의해 통제되는 지역을 일컫는다. 6. I've only been here for two months so far. 7. It's the best hotel that I've stayed at. 8. We have so many things in common. 9. So far we have received over sixty applications. 10. Gradually the soil loses the ability to hold water. 11. Zoo officials are concerned about the mother elephant. 12. We were shocked at their terrible working conditions. 13. On a whole, he seems like an intelligent, likable person. 14. To this day their customs and beliefs remain unchanged. 15. They do not have enough food or land to grow it on. * land는 ① 누군가에 의해 소유되거나 사용되는 또는 특별한 나라에 의해 통제되는 땅바닥 지역과 물에 의해 덮여 있지 않은 지구의 표현의 일부분을 일컫는다. 16. You can't force children to study if they don't want to. 17. A shot rang out and one of the men fell to the ground. 18. Eisemann's time was occupied with ordering computer parts. 19. People who suffer from backache often sleep on the floor. * floor는 실내에 있을 때 걷는 표면을 일컫는다. 20. In order to pay the hospital bill, it was obliged to sell my car. 21. I think that people in general have good sides and bad sides. 22. It's pretty hard to force a kid into eating something he doesn't want to. 23. In Spain it is common for people to turn up at your house without warning. 24. The U.S. population, as a whole, is very mobile compared to other countries. 25. We feel obliged to respond to the inaccurate letters that have appeared in your paper.

찾아보기

ㄱ, ㄴ, ㄷ.......

동사 6
부사 146
수동태 246
영문법 3
전치사 188
형용사 102

A, B ,C.......

actually 164
affect 10
after 197
agree to 12
agree with 12
alive 129
along 201
anxious 137
as a whole 242
assure 45
be absent 8
be obliged to do 214
beside 190
besides 190
carry 15
certain 104
certainly 167
come across 50
compare to 39
compare with 39
compel 214
definitely 167
disagree 41
effect 10
effective 111
efficient 111
ensure 45
feel obliged to do 214
find 50
find out 50
force 214
grow 57
grow up 57
guilty about 117
guilty of 117
in common 270
in fact 164
in general 270
living 129
miss 8
nervous 137
no use 123
on the ground 218
on the whole 242
outdoor 120

outdoors 120
put on 80
refuse 41
since 197
so far 226
some 104
still 174, 226
strongly 171
suffer 72
suffer from 72
take 15
through 201
tightly 171
to the ground 218
useless 123
wear 80
yet 174

알쏭달쏭 영문법 ③

초판인쇄 | 2016년 7월 15일
초판발행 | 2016년 7월 20일

지 은 이 | 서용득
발 행 인 | 현영덕
발 행 처 | 도서출판 YOUNG
등록번호 | 105-90-67568

주 소 | 경기도 고양시 일산동구 호수로 358-25 (동문굿모닝타워2차 1005호)
전 화 | 031) 904-7905~6
팩 스 | 031) 904-7907
E-mail | youngpub@naver.com

ISBN 978-89-92843-84-3 94740 [정가 23,000원]